橋下徹の問題解決の授業

はじめに

インテリたちは、頭の中で抽象論をこねくり回して、その抽象論を展開する議論を好む。

保守とは、リベラルとは、グローバル化とは、ナショナリズムとは、小さな政府・大きな政府とは、国家観とは、民主主義とは、ポピュリズムとは……。

しかし、そんな議論は目の前に横たわっている現実の問題を何ひとつ解決しない。

何ごとに対しても、いちゃもん・批判ばかりで、じゃあどうすればいいの？　という問いには答えを提示しない彼らインテリは、「お前たちはこんなことも知らないだろ」とあざ笑いながら、自分の持っている知識・情報をこれでもか、これでもかと披歴する。だから巷では、いわゆる教養本、情報本があふれかえっている。

ところが、そんな本を読んでも、これまた目の前に横たわっている現実の問題を解決するためのヒントを見つけ出すことはできない。インテリジェンスが何よりも重要だ！　自分こそがインテリジェンスだ！　と叫んでいる人間の本では、たった2年後の国際情勢についての予測も大外しする。

結局、「俺たちって色々なことを知っていて、小難しい話ができて、ものすごく賢いでしょ！」という自慢話がしたいだけなんだ。

他方、弁護士やコンサルなど、現実の問題を解決する実務家は、自分が関わっている問題解決については経験的にノウハウを有するが、世の中に横たわる問題全般の解決、すなわち「政治」については経験がなく、実践的なノウハウを有しない。実務家が政治を語っても、非現実的な話となってしまう。


では、政治家が政治を語ることが一番いいのか。

たしかに、権力闘争の現実や政界よもやま話を語らせたら政治家が一番だろうけど、現実の問題解決のための体系的な理論の部分、「お勉強」の部分については政治家は弱い。

もちろん、政治家は「お勉強」よりも、人間関係を広げ、仲間を増やし、権力を掌握し、数多くの利害関係者の調整を行い、専門家の意見を聞きながら仲間や官僚を動かし、政策を実現することが仕事なので、お勉強ができるからと言って政治家が務まるわけじゃないけど。

僕は、弁護士という実務家の仕事に加え、知事、市長、国政政党の代表として現実の政治行政をやってきた。大阪府庁、大阪市役所という巨大な組織を動かして現実的な問題解決をやりながら、政党を運営し、政治活動を展開した。いわゆる「政治」によって物事を大きく動かした自負がある。

そして自らの政治力、問題解決能力をフル稼働させて大阪都構想に挑戦した。

ただ、政治家にとって一番重要な「人間関係を広げ、仲間を増やす」という「ザ・政治」の部分が非常に苦手で、官僚や学者、識者などと現実に即した体系的な理論の議論をすることに多くの時間を割き、それに必要な範囲でインテリたちの抽象論の調査・研究もやってきた。

そこで本書では、現実のニュースを題材に「問題解決の授業」をしていきたいと思う。単なるニュースの解説やコメンテーターのコメント、インテリたちの批判だけの評論とは違い、あくまでも問題解決のために必要な思考能力を高めることが目的だ。

解決困難と思われる問題において解決の糸口を見つけ出し、それを解決するプロセスを構築する論理的思考能力。ベストな解決方法じゃなくても、ベターな解決方法を何とか構築する問題解決能力こそ、これからの時代に必要不可欠な能力だ。

単なるインテリたちの抽象論や知識・情報をかき集めても無意味だ。インテリたちは抽象論でもって「非現実的な」ベストな解決方法を提示し、「現実的な」ベターな解決方法の問題点をあげつらって非難する。そして結局、現実的な解決方法を提示しないんだ。現実の政治からかけ離れた政治論は荒唐無稽な話になる。

しかし、抽象論や専門家の体系的理論を踏まえない実務家的な問題解決も、深みのない場当たり的なものになってしまう。ゆえに現実の問題解決の思考に必要な範囲で、インテリたちの抽象論や、専門家の間で行われている最先端の理論もふんだんに採り入れていく。

本書は、現実のニュースを題材に問題解決能力を高め、その際に現実の政治を学びながらインテリたちの抽象論、知識・情報も得ていこうという本である。小難しい抽象論や知識・情報の単なる収集に終始することなく、抽象論や知識・情報を現実の問題解決にどのように活用していくかを授業する。

簡単に言えば、インテリじゃ現実の政治や現実の問題解決のプロセスに疎いし、政治家や実務家では体系的な理論、抽象論が不得手。だから両者を本書で引っ付けましょうということ。これこそが僕の得意領域であり、本書の最大の特色だと思う。

現在、プレジデント社運営の下、このような視点で「橋下徹の『問題解決の授業』」というメルマガを毎週配信している。本書はこのメルマガをテーマごとに体系的に整理し直し、大幅に加筆修正してまとめたものである。

メルマガでは、毎週、そのときのホットなニュースを題材に、問題解決の授業を展開している。即時性を重視される方は、ぜひそちらも見ていただきたい。

橋下徹

目次
Contents

第一講

舛添さん問題は最高の教科書だ

大阪府の新型インフルエンザ「一斉休校」は舛添厚労相と組んだから実現できた

2009年、大阪府知事2年目のときに、舛添要一さんとは一緒に仕事をした。舛添さんは厚生労働大臣。あとから普通の季節型インフルエンザと変わらないことがわかったけど、当時は致死率40%とも言われていた世界的大流行の新型インフルエンザ騒動が日本全体を揺るがしていた。僕は大阪府民の生命を守るため、舛添厚労相とタッグを組んで対応にあたった。舛添さんは連日不眠不休で対応して、大阪府知事の僕の意見もよく聞いてくれた。

そして、僕が前代未聞の大阪府内の小中高校一斉休校に踏み切るときには、多大な力を貸してくれた。それは舛添さんだったからこそできた荒業。普通の国会議員だったら、官僚機構や世間からの猛反対に怖気づいて、大胆な政治判断はできなかっただろう。

Keywords
- 自称インテリ
- コンプライアンス
- リーガルマインド

この経験があるから、僕は都知事時代の舛添さんに期待していた。

僕は大学生のとき、「朝まで生テレビ！」で生意気な東大助教授だった舛添さんを見ていた。彼がそのへんの政治家よりはるかに有能であることは間違いない。人を束ねて徒党を組む「政治家」ではないだろうが、東京都庁という行政官僚組織をきっちりと動かしてくれるはずだと思っていた。

だからこそ、公金の使い方を巡る数々の問題は早く決着をつけてほしかった。そしてまた都政に全力を尽くしてもらいたかった。

でも、舛添さんの会見を見て、「完全に意地になっちゃってるな」と感じた。感情的になった舛添さんの会見・説明は、論理的にハチャメチャになっていて、まったく「らしく」ない。

それを批判するコメンテーターどもも、2流どころか5流のコメントばかり。そりゃそうだ。彼ら「Cランク」のコメンテーターには知事の経験もなければ、行政組織のことも知らないのだから。感情と感情がぶつかり合って、最悪な状況になっていた。

それなら僕の出番だ。弁護士資格を持ち、知事、市長、国政政党の代表の経験を持つ僕が、学者やコメンテーター、「自称インテリ」にはできなかった問題解決のための「Aランク」の解説をしようと思う。

権力者が「自分の決めたルールに従っているから問題ない」は通らない

まず、海外出張の旅費や公用車利用のルールは、議会が議決した条例で定めるか、条例がなければ知事が定める規則で定めることになっている。普通、旅費は条例。公用車は規則。東京都もそうだ。

舛添さんは会見で、「公用車の利用はルールに従っているから問題ない」と説明していた。

それじゃダメですよ、舛添さん。だって、そのルールは舛添さんが決めているも

Keywords
自称インテリ
コンプライアンス
リーガルマインド

のなんですから。完全にトートロジー（同語反復）です。

舛添さんは、「自分が決めたルールに従っているから問題ない」と言っているに過ぎないんだ。

それに、「ルールに従っているので問題ない」という言い訳は、ルールを強要される側、すなわち一般市民側の言い訳になる。ルールの中身よりも、ルールを守っているということが重要。

しかし、舛添さんはルールを作ってルールを一般市民に強要する側、すなわち権力者側だ。そういう立場の人が釈明するなら、ルールを守っているということだけでなく、そのルールの正当性まできっちり説明しないといけない。

東京都の記者クラブもだらしなかった。記者連中がまったく勉強していない。大阪府政記者クラブ・大阪市政記者クラブであんな会見をしたら、記者から恐ろしいくらいの突っ込みが入ってくるよ。

舛添さんが「ルールに従っているから問題ない」と言えば、記者は「そのルールは舛添さんが制定権者（作る権限を持つ人）ではないのですか？　自分が作ったルールに従っているから問題ない、というのはまったく説明になっていません。その言い訳は、ルールを強要される者、一般市民にだけ許されるものです。舛添さんが作ったルールという建前になっている以上、ルールの中身の正当性を説明してください！」と突っ込んでやればよかったんだ。そうすれば、舛添さんは反論できない。

そもそも、東京都の公用車利用規則がデタラメなんだから、舛添さんはそれを改正する義務があった。公用車は、「自宅から役所への登庁・役所から自宅への退庁」、そして「役所の仕事」をするにあたって利用する、というのが普遍的な大原則。あとはこの大原則から導かれる細かな基準を合理的に推測する。これがリーガルマインド（法的思考）だ。

もちろん自宅以外から役所へ登庁することもあれば、自宅以外のところに退庁することもある。その際、一律に公用車利用を禁じるのは明らかにやり過ぎだ。その場合は、自宅の範囲に含めることができる場所は自宅として扱ってもいいだろう。その一番の基準は「距離」になる。

自宅と役所の距離と同等の距離であれば、自宅以外から役所に登庁する際にも、

Keywords

- 自称インテリ
- コンプライアンス
- リーガルマインド

そして役所から自宅以外に退庁する場合にも、公用車利用は許されるだろう。ただ、これも許され得るギリギリの解釈だ。だって、一般の会社員や役所職員は、自宅以外から役所に登庁する場合や役所から自宅以外に退庁する場合には、たとえ自宅と役所の距離と同等であっても通勤手当は出ないんだから。

公用車は「動く知事室」。でも湯河原までは使えない。それはなぜか

では、一般の会社員や役所職員では許されないような通勤形態を、なぜ知事だけが許されるのか。

都知事は常に重要判断が求められる巨大組織のトップであり、SPが付く警護対象でもある。自宅と役所の距離と同等の距離くらいなら、自宅以外から役所へ登庁する場合や役所から自宅以外に退庁する場合であっても、知事の仕事が円滑に行わ

れるよう、さらには知事の身の安全に配慮するという意味で公用車利用が許されるんじゃないだろうか。

そうすると、湯河原は論外だ。舛添さんの自宅は都内。そして湯河原は小田原の先、熱海の手前。さすがにこれは「自宅に含まれる範囲」とは言えない。あまりにも「距離」が違い過ぎる。

舛添さんの「公用車は動く知事室」だから湯河原に行くのも問題ないというロジックなら、「公用車は動く知事室だから、日本全国、いつでもどこでも、どういうときにでも使える」ということになってしまう。でも、本来公用車を使える範囲は、自宅と役所の間、そして役所の仕事においてだけ。「動く知事室」というのは、公用車の性格を表しただけで、利用できる範囲を決めるものじゃない。

湯河原の別荘に書類を持ち込んで仕事をしているから「役所の仕事」の一環だ！と言っても、それは役所の仕事とは言えない。だって舛添さん自身、湯河原行きはリフレッシュとも言っており、湯河原に書類をわざわざ持ち込む必要性も理由もないんだから。都内の自宅に書類を持ち込んで仕事をするなら、もちろん公用車を利用できるけど、まあそれは自宅への退庁そのものだね。

他方、もし湯河原の別荘で、都知事として要人と会談するスケジュールが都庁の日程として組まれたなら、その場合にはもちろん公用車を使えるだろう。

僕の結論はこうだ。湯河原に単に書類を持ち帰って仕事をするというだけでは、役所の仕事とは言えない。そして、湯河原への距離から考えて、自宅に含まれる範囲とも言えない。

したがって、いくら公用車が「動く知事室」といえども、湯河原に行くのには利用できない。

もし舛添さん時代の東京都の公用車利用規則が湯河原行きにも利用できることになっていたなら、舛添さんはその規則に漠然と則るのではなく、すぐに規則を改正すべきだったね。

できの悪いルールを改正できる立場にありながら改正もせず、漫然とそのルールに従っていた組織のトップの責任は免れない。

Keywords
- 自称インテリ
- コンプライアンス
- リーガルマインド

これが大阪府・大阪市の超厳格な公用車利用規則だ！

大阪では距離だけじゃなく、「役所の仕事」を結構厳格に定義していた。特に、政治活動と疑われる場所には公用車は絶対に使わなかった。維新の会の本部に行く場合、維新の政治活動の場に行く場合、維新メンバーとの政治会合に行く場合には、絶対に公用車を使わず、私設秘書の車かタクシー。

役所から直接行く場合には、役所から私設秘書の車かタクシーでその場所に行けばいい。問題は、役所以外の場所で役所の仕事をしていて、そこから政治活動の現場に移るとき。このときは、行きは公用車を利用するけど、帰りは、「役所の仕事をしている役所以外の場所」まで私設秘書に車で迎えに来てもらい、乗り換える。

役所以外の場所が、防災訓練などで私設秘書の車が入りにくいときは、ルートによっては一旦役所に公用車で戻って、そこから私設秘書の車に乗り換えて政治活動

Keywords
自称インテリ
コンプライアンス
リーガルマインド

の場へ行く。場合によっては道路の途中で私設秘書の車に乗り換える。僕はこのように役所の仕事か政治活動かの区別を徹底していた。

知事時代、市長時代には「役所から散髪に寄って自宅に戻る場合」や「役所の仕事以外のことで（自宅から役所の距離以内で）外出して、また役所に戻ってくる場合」に公用車を利用できるか、こんなところまで徹底的に議論した。役所の考えは「利用できない」というものだった。

そこで僕は、自分がＳＰの付く「警護対象者」であることを持ち出した。大阪のために、ある意味身体を張って仕事をしているんだから、自宅から役所の距離内への一時立ち寄りくらいは住民の皆さんの税金で負担してもらいたい、と。

だって当時は知事、市長の仕事に追われて、散髪すらなかなか行けなかった。役所から自宅に戻る前に散髪に寄ったとして、そこで公用車から切り離されると、それ以後僕はＳＰとタクシーで帰るか、私設秘書に迎えに来てもらわなければいけない。

役所の仕事以外での外出も同じこと。役所の仕事以外のことでの外出（自宅と役所の距離内）も、また役所に戻って役所の仕事をするのだから「そこはちょっと税金で面倒見てよ」というのが僕の主張だ。

ちなみに僕は知事のときに、「橋下知事 フィットネスに公用車利用！」と新聞に書かれ、猛批判を受けたことがある。役所もこれはダメですと言ってきたけど、僕は反論した。

知事や市長の仕事は、会社員や一般の職員の仕事と違って、時間で縛られるものではない。普通のデスクワークとは異なり、巨大組織のトップとして判断するのが仕事だ。だから厳密に勤務時間というものがあるわけではなく、必要なら夜の12時を越えて会議をすることもある。休日という概念もない。

勤務時間、休日という概念がない以上、空いている時間を有効に使わなければ身体がもたない。つまり、空いている時間はある意味自由に使えるということだ。こういう仕事をする役職は、民間企業では「役員」、役所では「特別職」と呼ばれる。

この「勤務時間がない仕事」というのが一般の人には理解されにくい。だって、ほとんどの有権者は勤務時間のある仕事だからだ。僕の特別秘書も「タイムカードがないし、勤務報告書もないので仕事の実態がわからない。だから給与を返還しろ！」

Keywords
自称インテリ
コンプライアンス
リーガルマインド

と訴えられた。原告の人たちは、このような「勤務時間のない仕事」の経験がないような人たちだった。

メディアのコメンテーターも原告に関与していたね。

民間企業も含めて、組織のトップには勤務時間などない。報酬、給与も、その地位に対して支払われるもの。特別秘書もそのようなポジションだ。メディアで発言するような立場なら、しっかり勉強してほしいね。

知事だった当時、僕はまったく休日がない状況だったので、知事スケジュールで午後にたまたま時間が空いたタイミングで役所からフィットネスに行き、その際公用車を利用した。そして夕方にはまた役所に戻って仕事をした。距離は、自宅と役所の距離よりはるかに近い。

僕は「これくらいは公用車を利用させてもらう」と主張した。そして、僕は警護対象者だから「公用車は警護車両でもある」と規則を変えた。批判があることは承知しているけど、これくらいは住民負担してもらう、と言い張ったんだ。

とはいえ、たしかにこのような利用は本来の公用車利用の例外だ。だから、例外についての記録はホームページですべてオープンにして、最後は有権者の審判を受ける、というルールを付け加えた。

自己弁護するわけではないけど、僕の公用車のこのような例外利用は批判を受けたこの1回きりだし、距離も大したことがない。タクシーで2000円ほどだろう。他方、舛添さんの湯河原は回数が多過ぎるし、距離も長過ぎる。ハイヤーを使ったらとんでもない金額になるはずだ。

舛添さんにすれば、「都民のために都知事という激務をこなしているんだから、これくらいは負担してくれよ」という気持ちだったのかもしれない。

でも、大阪では公用車利用についてもこれだけ細かく激論していたんだ。「神は細部に宿る」ではないけど、そういう細かな激論がすべての改革の根底になる。こういう細かな改革論議をせずして、大きな改革論議などできない。

今の国会議員は大きな改革だけを口にする。そして足元の、自分たちの給料改革、文書通信・交通滞在費改革、政治資金改革などまったくやらない。こんな国会議員で、日本の大改革などできるわけがないよね。

Keywords

- 自称インテリ
- コンプライアンス
- リーガルマインド

舛添さんの「公用車は動く知事室」のロジックだと、新幹線も飛行機も使えない！

舛添さんが泥沼にハマったのは、公用車利用について細かな議論を踏まずに感情的に正当性を主張したから。「危機管理上、公用車を使う必要性」も主張していた。公用車には防災無線が積んであるし、運転手も守秘義務を負っている、と。だから「公用車は動く知事室」として湯河原に行くにも使わせてもらうと強弁していた。

でも、もし舛添さんがそのような主張をするなら、日本全国どこの移動であろうが、休日やプライベート日程であろうが、すべて公用車を使わなければならなくなる。東京～大阪間の移動もそうだ。だって、新幹線にも飛行機にも防災無線はないのだから。

舛添さんが主張した公用車を利用させてもらう必要性と理由は、舛添さんの公用車利用の権利だけでなく、常に公用車を使わなければならない「義務」にもなってしまうんだ。舛添さんは、役所との細かな議論を踏まえて、ロジックを整理していないから、こんな間抜けな言い訳になってしまった。舛添さんらしくない。

たしかに僕も、フィットネスへの公用車利用を批判されて、意地になった。そこでまず手を付けたのはロジックの整理だ。

- 僕には勤務時間の概念がない。
- そしてＳＰの付く警護対象だ。
- 役所の仕事で数時間空きが出ることがある。
- その時間を使って役所近くのフィットネスに行くのは税金で面倒見てくれ。
- 身体を張って仕事をしているのだから、それくらい負担してもらう。
- ただし、その場合にはホームページですべて報告する。
- そして、この考えにもとづいて公用車利用規則を変更した。

これはどんな批判にも耐えられるロジックだという自信があった。

舛添さんも、「危機管理上、湯河原にまで公用車を使わなければならない」と言うのであれば、湯河原から自宅までも公用車を使うべきだった。また、休日もプライベートも公用車を使うべきだった。

でも、このような権利の主張は義務にもなることを舛添さんは認識していなかった。そして舛添さんは、「湯河原から自宅への公用車利用は都庁のルールに逸脱する」と言う。

舛添さん、それなら、都庁のルールがおかしいんですよ。

これは東京都だけじゃない。全国の自治体がほぼ同じく、「役所や役所の仕事の場所が起点になっていたら、その後はどこに行くのも公用車を使っていい」という馬鹿げたルールになっている。役所が批判を受けないように適当に作ったルールだ。

このルールに照らし合わせると、都庁から北海道の旅行先まで公用車を使ってもいいことになる。これはおかしい。舛添さんもさすがにそれはやらないだろう。でもそれは舛添さんの判断でやらなかっただけであって、ルール上はできることになっている。

Keywords
自称インテリ
コンプライアンス
リーガルマインド

現在の政府の集団的自衛権の限定行使の考え方と同じだ。ホルムズ海峡の機雷掃海は法律上できるけど、政府の判断でやらないだけ。

それはやっぱりおかしい。

舛添さんは、このおかしなルールに従っていることを湯河原への公用車利用を正当化する根拠にした。おかしなルールにもとづけば、主張もおかしくなるんだよね。

舛添さんには、言い訳に終始するのではなく、舛添さんらしく明快なロジックをもとに説明してほしかった。都庁のルールに従って、湯河原までは公用車を使い、帰りの湯河原から自宅までは私設秘書の車で帰るというのは、ルールの中身をしっかりと考えず、とにかくルールに従っていればそれでいいという役人思考と同じだよ。

ということで、湯河原に行くのに公用車を利用することは、どんな理屈を使っても正当化できない。おかしなルールに従って「だから問題ない」という舛添さんの言い訳は、完全にアウトだった。

Keywords
- 自称インテリ
- コンプライアンス
- リーガルマインド

問題は公用車だけ。世間に媚びて湯河原通いを止めちゃダメだった！

では、5流コメンテーターの「毎週湯河原に行くなんてあり得ない！」という批判はどうだろう。

5流コメンテーターは「その間に東京都に何かあったらどうする？　危機管理上問題だ!!」と言うけど、僕は「危機管理の中身もわからないくせに適当なことを言うなよ」と思っていた。都知事が毎週湯河原に行くこと自体は、何の問題もない。

だいたいどの自治体も、「危機管理監」という幹部や「危機管理担当副知事」というポジションを置いている。そして彼らは役所庁舎の近くに住むことになっている。自治体によっては当番制になっている。

当然都庁でも、緊急事態が起きたときの危機管理責任者というポジションは、都庁内にしっかりと位置付けられ、都庁近くに寝泊まりすることになっている。そして、危機管理は彼ら危機管理責任者が一次的にすべてを引き受ける。

世間は、知事や市長が緊急事態においてあらゆる事柄について陣頭指揮を執るものだと勘違いしているけど、知事や市長がそんなことできるわけがない。危機管理は超専門的な仕事だ。役所の関係各局に必要な指示を出せるのは、やはり危機管理業務の経験を積んできた行政マンや、消防業務をやってきた消防職員。どの自治体でも彼らが陣頭指揮を執る。

では知事、市長の仕事は何なのか。これが、僕が主張している政治と行政の役割分担だ。

危機管理責任者である危機管理監や危機管理担当副知事が陣頭指揮を執っている際、法律や憲法にぶつかったり、部署間の縄張り争いなどが生じたりしたときにこそ、知事、市長の出番となる。つまり、危機管理責任者では判断できないこと、組織が言うことを聞かないことについて、知事、市長がガツンと判断を下したり命令を下したりする。これこそが知事、市長の緊急事態時の役割だ。

つまり、舛添さんが365日東京都内にいる必要はどこにもない。都知事と危機

Keywords
- 自称インテリ
- コンプライアンス
- リーガルマインド

管理監や危機管理担当副知事との役割分担がしっかりできていて、いつでもコミュニケーションが取れる状態を保ち、いざというときにはヘリコプターを使ってでも都庁に戻る体制ができていれば何の問題もないんだ。

そのときの費用ぐらいは、都民負担でお願いしたい。知事は都民のために激務をこなしているのだから。

繰り返しになるけれど、湯河原に毎週行っていたことは問題ない。だけど、湯河原に行くのに公用車を使っていたことは問題。舛添さんは、私設秘書の車を使って、毎週堂々と湯河原に行けばよかったんだ。世間からの批判を受けて、毎週湯河原に行くことを止めちゃったら、それこそ今までやっていたこと、言っていたことがすべて間違いだったと認めることになってしまう。

この点は、世間に媚びずにバトルすればよかったんだ。

僕が在職中にこう変えた！　大阪府知事の〝せこせこ〟旅費規程

舛添さんの知事時代の海外出張費も、僕にはちょっと容認できない。

まず、飛行機のファーストクラスはまったく不要だ。仕事のことを考えれば、ビジネスクラス利用までは有権者の皆さんに理解してもらう必要があるけど、ファーストクラスはやり過ぎ。

ホテルについても、スイートルームは不要だ。訪問先でＶＩＰと会う場合、普通は相手方の所在する場所が面談場所になるから、こちらがそんな豪華な部屋を取る必要はない。職員と会議するなら、ホテルの時間貸しの会議室で十分。僕が大阪府知事のときは、基本的にはホテルのロビーなんかで食事をしながら職員との打ち合わせをやっていた。

空港の貴賓室の借り上げだってまったく必要ないだろう。僕も、空港のレストラ

Keywords

- 自称インテリ
- コンプライアンス
- リーガルマインド

ン等で待ち時間を過ごしていた。

舛添さんはこの件でも警備上の理由を持ち出していたけど、都民、有権者を騙してはいけない。僕も警護対象だったけど、警備の理由で海外出張においてスイートルームが必要ということはまったくない。

舛添さんからすれば、「大阪府知事と東京都知事は違うんだよ!!」と言いたいかもしれないけど、東京都知事といえども、しょせん、中央集権体制国家である日本の国の中の一知事。連邦制国家の州知事は国家の長とほぼ同じだけど、日本の知事は、しょせん、中央政府の出先機関の長のような立場だ。

都知事と言えども一国の大統領や首相じゃないんだから、そこまで「警備、警備」と言わなくてもいい。東京都知事や大阪府知事なんて、世界においては命が狙われるほど重要な対象ではないんだから。

ちなみに、大阪府知事の旅費規程は、僕が〝せこせこ〟規程に変えている。国内出張の場合は、飛行機はエコノミー。JALの「クラスJ」へのグレードアップは自腹。宿泊費は、東京などの大都市は1万3200円まで。それ以外の地方都市は

1万1600円まで。

海外出張の場合は、ビジネスクラスの利用はOK。宿泊費は欧米の大都市は2万9000円まで。アジアの都市（シンガポールを除く）は1万9400円まで。

今の松井一郎知事、吉村洋文市長はさぞかし苦労しているだろうね。

さて、これが舛添さん問題についてのAランクの解説だ。今の日本のコメンテーター、いや新聞やテレビでも、ここまでの解説はできないだろう。

政治家や新聞が舛添さんに同情的なのは、似たり寄ったりのことをしているから

僕が感じるのは、都庁の職員にも大きな問題があるということ。都庁の幹部も、「俺たちは都庁の幹部様なんだから、これくらいのところに泊まるのがふさわしいだろう」という意識があるんじゃないかな。知事は都庁の幹部よりもグレードの高いと

ころに泊まらざるを得ないから、スイートになったんじゃないかと思う。海外出張のとき、都庁職員はビジネスクラスを利用して、ホテルはスイートの1つ手前くらいのグレードにしているんじゃないだろうか。

最後に、これらの舛添さんの責任についてまとめて考えてみよう。

まず、公用車利用についてはすべて舛添さんの責任だ。公用車で湯河原に行くのは問題だと感じなきゃおかしいし、湯河原まで行ける規則になっているなら、それを改正するのも舛添さんの責任だ。言い訳はまったくできない。

海外出張経費について言えば、僕は知事になる前、まだ弁護士としてテレビに出演していたとき、この問題について元東京都知事の石原慎太郎さんとある番組で議論したことがある。当時、石原さんも海外出張費が高いと批判を受けていた。そのとき石原さんは、「海外出張費の細かなところまで知事が見るわけない」と言っていた。僕は、「知事がそれを認識していないのはおかしい」と追及したけど、実際の行政実務を知らなかったから、追及はそこで終わった。

Keywords
自称インテリ
コンプライアンス
リーガルマインド

行政実務を知った今、次のように断言できる。知事が海外出張費について知らないのはおかしい。これは、しっかりと知事決裁で上がってくる類のものだ。知事決裁事項は膨大な量があるけど、僕はしっかりと金額は確認していた。

舛添さんの問題について一番疑問だったのは、なぜ全国の知事や市町村長、さらには国会議員から批判の声が上がらないのか。舛添さんの出張費については知事の一部が批判していたけど、あとはさっぱりだった。

それは、皆が似たり寄ったりのことをしているからだ。

まず公用車については、全国の知事、市町村長の使い方も舛添さんと同じくデタラメだと思う。一応、これは知事・市長の仕事だという名目を付けて、ほぼフリーで公用車を使っている状態だ。僕が今回話した基準に照らし合わせて厳しく追及したら、フラフラになる知事や市町村長はたくさんいると思う。

海外出張については、特に国会議員がデタラメだと思う。皆、舛添さんを批判すると自分のところにブーメランのように跳ね返ってくるからダンマリなんだ。

朝日新聞やメディアもだらしない。朝日のどこかの記事で目にしたけど、「都知事なんだから、ファーストクラスの利用もあるだろうし、警備上の理由でスイートルームの利用もあるだろう」と一定の理解を見せていた。

あれだけ権力にはうるさい朝日新聞が、なぜ？　僕は「ははーん」と直感で感じたね。きっと朝日新聞の幹部も、豪華な海外出張をしているんだろう。あまりこの問題について騒がなかった他のメディアの幹部も同じだろうね。

Keywords

- 自称インテリ
- コンプライアンス
- リーガルマインド

この講のポイント

コンプライアンスはルールに従う姿勢と同時に、ルールの中身について吟味する姿勢が必要。細かな徹底した議論によって不断のルール改正が必要であり、その姿勢が大きな改革につながっていく。

小さな小さな改革を積み上げる力がなければ、大きな改革を成し遂げる力もない。

ロジック（論理）にもとづかない反論は、一瞬にして崩れる。

権利の主張が義務を伴っていることもあるので、反論する場合にはチェック。

第二講

報道の自由こそが民主主義の根幹だ

そのへんの政治評論家の選挙情勢分析がいい加減な理由

僕はそのへんの政治評論家とは違うので、選挙前の情勢分析はしない。事前に予測したって、そんなのあまり意味がないからだ。だって事前にいくら予測したって、そんなの結果を待てばいいだけのこと。今の日本のメディアはこの予測に莫大な人とカネを投じているけど、選挙結果が出る数日前、いや数時間前にその結果を予測することにどれだけの意味があるのか。そんなことに力を割くくらいなら、もっと政策論議に力を入れてほしいよ。

だいたい、テレビに出ている政治評論家の情報なんていい加減なものだ。メディアから世論調査や期日前投票の状況を聞きかじったり、政党が行った世論調査の状況を教えてもらったりして、そのましゃべっているだけ。永田町では誰もが知っている情報を、いかにも「俺だけが知っている」という顔をしてしゃべっ

Keywords

- テレビの評論家
- 報道の自由
- 人権派の二重規準

ているだけなんだよね。

連中は、選挙情報じゃない場合は、国会議員などから聞いた話を、噂話から何から全部ごちゃ混ぜにしてしゃべっている。

僕が政治家だったときも、世間に秘密にしていた僕の政治活動や政治意図について、政治評論家はあーだ、こーだ言っていたけど、当たったためしはなかった。そりゃそうだ。本当に秘密にしなければならないものは、情報管理を徹底して仲間内でも話さない。

情報が漏れるルートを確かめるために、わざと偽の情報を流すこともあった。このあたりから漏れているな、と感じたら、偽の情報を伝える。そうしたら案の定、翌日にはその話がメディアで報じられて、政治評論家が得意気にしゃべっている。情報漏洩のルートが確定されたら、それ以後この人間へは核心情報は話さない。ところが、政治評論家の多くはこういう核心情報を知らない情報漏洩者ルートから情報を仕入れている。

永田町や政治・行政の世界なんて狭いもんだから、誰が情報を漏らしたかなんてあっという間に広まっちゃうんだよね。知らないのは漏らした本人だけということが多い。

僕の経験からすると、本当に大事な政治的、行政的情報は、それを扱っている当事者から聞かない限りは信用できない。「俺はそのへんの事情をよく知っているよ」と得意になっている周辺の人間から聞いても、ほとんどがはずれ。得意気にしゃべる周辺者は、情報漏洩者だと認定されていることが多く、そういう人間には偽情報やしょうもない情報しか集まらない。

そもそも大事な情報を持っている人たちは、そう簡単に他人に本音を言ったりはしない。場合によっては特定の人間に言うにしても、そこには何らかの意図がある。

今、テレビに出ている政治評論家の中で、核心情報を持っている当事者から直接情報を得られる人はまずいない。それでもコメンテーターは務まるからタチが悪い。

Keywords
- テレビの評論家
- 報道の自由
- 人権派の二重規準

最強のメディアであるテレビで知名度を得て、テレビで評判を落とした鳥越さん

小池百合子さんが当選した2016年の東京都知事選挙全般について言えば、メディアの報道姿勢がそれまでの選挙と明らかに異なり、積極的に報道が行われていた。特にテレビだ。テレビは、政治的公平性というものに配慮して、それまでは選挙がはじまった途端に報道しなくなる状態だった。

これはある意味、無理もない。国政選挙では、政党も当落をかけて必死になっているから、メディアの報道状況には敏感になっている。だから、ちょっとしたことでもクレームを入れる。特にテレビメディアはそのクレームに過剰に反応し、各政党の映像時間や発言秒数をまったく同一にしたり、さらには面倒だからといってそもそも選挙を扱わなかったりする。

そうは言っても、やっぱり選挙の帰趨はテレビメディアが握っているのが現状

だ。テレビの影響力は、最近では弱くなったと言われているけど、それでも他のメディアと比べて抜きん出ていると思う。民主国家における選挙は有権者の判断がすべてだけど、有権者の判断要素として、「感情」の占める割合が高いのは否定できない現実だ。

こう言うと、自称インテリたちは「感情的な判断はダメだ。理性を持って判断しろ」とか偉そうなことを言うだろうね。でも人間なんてしょせん、感情の動物だ。感情があるからこそ人間的な生き方ができる。

セックスだって、理性だけで判断してたら、あんなおかしな行動はしないだろう。それに、セックスは本能だけでもない。本能なら子孫を残すためだけで、昆虫の交尾と変わらない。人間のセックスなんて感情そのものだ。「理性的な判断を」と叫んでいる自称インテリに限って、ものすごく感情的なセックスをしてるんだろうね。一度見てみたいよ。

それはさておき、人間の判断要素で感情が占める割合が高くなるのは当然のこととして、新聞メディアは理性に訴えかけるのが得意で、テレビメディアは感情

Keywords

- テレビの評論家
- 報道の自由
- 人権派の二重規準

に訴えかけるのが得意だ。テレビメディアが都知事選を大きく扱ったことで、選挙の流れが大きく変わったのは間違いない。

まず、２０１６年7月の都知事選挙について、従来の選挙報道と同じ形態のテレビ報道、つまりほとんどテレビで扱われない選挙報道であれば、下馬評で人気が抜群だったジャーナリストの鳥越俊太郎さんが当選していたと思う。

だけどこのときの都知事選挙はテレビが積極的に報道した。そして鳥越さんは、テレビに映れば映るほど、有権者に悪印象を与えていった。鳥越さんは、これまでテレビで世間から広く好印象を抱かれていたのに、今回の選挙戦のテレビ報道では悪印象を広げた。新聞報道であれば、鳥越さんの悪印象はここまで広がらなかっただろう。

これは面白い皮肉だ。僕もそうだけど、それまでテレビに出演していたということは選挙でかなり有利に働く。大きな選挙になればなるほど、知名度が重要なポイントになるから、「世間に名前を知られている」ということは大変なアドバンテージだ。僕が38歳で大阪府知事に当選したのも、それまでテレビに出演していたおかげだろう。

鳥越さんの知名度も、それまでのテレビ出演によって上がっていた。だからこそ、鳥越候補で勝てると踏んで、当時の民進党や共産党などが応援した。つまり鳥越さんは、テレビ出演のおかげで都知事選の候補になれた。ところが、落選したのもテレビのおかげ。ここに人間ドラマを感じる。

断っておくと、僕は鳥越さんの人間性全般についてとやかく言える立場ではないし、言うつもりもない。これはあとで詳しく述べるけど、選挙期間中、週刊文春が鳥越さんの女性スキャンダルを報道して、大騒ぎになった。だけど、鳥越さんと私的なお付き合いがあるわけじゃないし、しっかり話したこともないから、そんな間柄で他人の人間性を偉そうに評価できるわけはない。自分のことは棚に上げ、偉そうに他人の人間性を評価する学者連中のようにはなれないね。

だいたい、「会ったこともないのに、俺の何がわかるんや！」と、これまで僕を人格攻撃してきた自称インテリを批判し続けてきたこの僕が、ここで鳥越さんの人間性全般について批判したら、それこそ特大ブーメランとして自分に戻って

Keywords
テレビの評論家
報道の自由
人権派の二重規準

きてしまう。僕自身、胸を張って「僕は人間的に良い人物ですよ」なんて他人に言えるほどの人間ではないから、鳥越さんの人間性全般を批判できるわけがない。

そもそも自分のことを「良い人間だ！」なんて言うのは恥ずかし過ぎることで、そんな奴いるのかねと思っていたら、いましたよ、いましたよ、たくさん。そう、政治家たちがそうだね（笑）。

鳥越さんは、テレビメディア上の記者・ジャーナリストとしての人間性は高評価だった。ところが都知事候補としては悪評価になった。

鳥越さんは記者・ジャーナリストとして、自分以外の誰かを批判したり、追及したりすることは得意だ。世間が感じるところの「正義」を語ることも得意だった。ところが、自分を語ることはまるっきりダメだった。政治家は究極のところ、自分を語る仕事だ。鳥越さんの好印象だった記者・ジャーナリストのイメージをもって、そのまま都知事候補にふさわしいと判断されそうだったところを、選挙戦のテレビ報道が打ち崩した。

僕自身大嫌いな週刊文春の振る舞いから考える「報道の自由」

そしてなんと言っても、週刊文春と週刊新潮の働きだ。権力者が週刊文春・週刊新潮を恐れていることは間違いない。あとで述べるけど、大手メディアと持ちつ持たれつの関係になっている政治家は多いが、この手の週刊誌と持ちつ持たれつの関係になっている政治家は少ない。そして週刊誌サイドは、徹底したスキャンダル報道をする。この2誌が権力者に襟を正させているのは事実なんだよね。

断っておくけど、僕は週刊文春・週刊新潮が大嫌いだ。あれほど鬱陶しい連中はいない。まあ、あいつらも政治家に嫌われて本望だと喜んでいるだろうね。

僕も通常のスキャンダル報道だったら仕方がないかと諦めるけど、実際、通常のスキャンダル報道を超えたあいつらの報道のせいで、僕の家族はえらい目に遭った。政治家の振る舞いについて、百歩譲って政治家になる前の私生活について

Keywords

- テレビの評論家
- 報道の自由
- 人権派の二重規準

報じられることは許しても、僕の出自等については違う。あの報道によって、僕の子どもたちにどれだけ影響があるか。あの報道は、僕自身はともかく、政治家の家族として受忍しなければならない範囲を超えていたと僕は思っている。だから、僕の出自の記事の部分で週刊文春を訴えた。週刊文春もそこは「問題あり」と認めたのだろう。最後は和解で終わった。

週刊文春は、選挙期間中に候補者である鳥越さんのある女性へのセクハラ記事を掲載した。鳥越さんはすかさず週刊文春の記事は事実無根であると反論し、選挙妨害で刑事告訴すると発表した。しかしこの報道によって鳥越さんの支持率はみるみる急降下。

僕が鳥越さんに対して「公人でありながら週刊文春を訴えるのはおかしくないか」「事実無根であることをメディアの前でしっかりと説明して、メディアからのさらなる突っ込みを受けるべきだ」と疑問を呈したとき、鳥越さんの応援団であるアンチ橋下から、「橋下、お前も週刊文春を訴えただろう！」と批判された。

でも、よく考えてほしい。僕と鳥越さんとでは、訴えの内容がまったく違う。

僕も政治家時代、頭に来るような人間性批判から、疑惑追及的なことまで週刊文春にいろいろ報じられたけど、訴えることまではしなかった。とにかく記者会見で、「バカ文春！」と言い続けて、とことんこちらの言い分を主張しながら週刊文春を批判した。

ツイッターにも書きまくって、事実と違うところは徹底して反論した。でも、事実の部分は認めた。大阪での選挙運動期間中、文春の記者が個別にインタビューをしようとしてきたけど、「記者会見に来い。いつでもしゃべってやる」と個別インタビューは断った。

事実無根なら訴えるのではなく、とにかく皆の前でやり合うのが一番だ。フルオープンでやれば、取材する記者の好き勝手に報じられることはない。記者だって衆人環視されるからだ。そして候補者という公人である以上、こういうやり合いこそ有権者に示す必要がある。あとは有権者の判断だ。

しかし、出自の記事は、こちらが何か説明・釈明する話ではない。政治家として、公人として、どこまでプライバシーが認められるのか、どこまで報道の自由

Keywords

- テレビの評論家
- 報道の自由
- 人権派の二重規準

が認められるのか、自分なりに相当考え、悩み、勉強した。

公人の経歴は、たしかに有権者に伝える必要がある。単純な経歴だけではなく、人生すべてが報道の対象だろう。どのような人生を送ってきたのか、それこそどのように親に育てられたのか、家庭環境までもが有権者が選挙で判断する材料となる。では、出自は、政治家の親の経歴は、人生はどうなのか。

僕は、報道の自由こそが民主国家の根幹だと考える。政治家の政治権力というのは強大だ。使いようによっては市民・国民・有権者の人生をボロボロにしかねない。僕が知事、市長時代に行使した政治権力が、100%まったく誤りがなかったとは言い切れない。「誤りがなかった」と自分自身に言い聞かせたいのは山々だけど、どこかで間違いがあることも認識しなければならない。

だからこそ、民主国家においては報道機関こそが、政治家の政治権力を監視する必要がある。

ただし、出自を差別的に報じるのは別だ。これは政治家の権力を監視する範囲を超えている。そういう思いで、週刊誌を訴えた。

蓮舫さんの二重国籍問題に絡んで、蓮舫さんが戸籍開示すべきかどうかが議論になったことがあった。最終的に蓮舫さんは戸籍開示したけど、人権派と称する連中は、「戸籍開示は差別につながるから開示すべきでない！」と主張していた。それなら僕の出自に関する報道はどうなの？　僕自身は自分で政治家になったんだから我慢せざるを得ないとしても、じゃあ僕の子どもまで我慢しなければならないのか？　それとも、僕に子どもがいて、そういうことを報じられるのが嫌なら政治家になるなとでも？　いずれにせよ、普段人権、人権と主張している人間に限って、僕の出自の報道については政治家だから我慢しろと言っていたね。その典型が参議院議員の有田芳生。こいつは僕の出自を差別的に扱った記事について面白い!!　とツイートしていたよ。こういう連中は、自分の嫌いな相手の人権なんて微塵も考えていないんだよね。

さらに私人となればまったく別。私人であれば、事実無根の報道についてフルオープンの場でメディアとやり合って、その姿を有権者に示す必要はない。私人は権力を持っていないから監視される対象ではないし、選挙で有権者が判断する

Keywords
- テレビの評論家
- 報道の自由
- 人権派の二重規準

対象でもないからね。だから僕も政治家を辞めたあと、出自以外の事実無根の報道についていくつかの週刊誌を訴え、勝訴して慰謝料を得たよ（笑）。

政治家をやった経験からすると、やろうと思えば権力は簡単に濫用できる！

民主国家における選挙の意味は、政策選択という文脈で語られがちだけど、本質的な意味はそこにはない。自称インテリは、選挙になるたび有権者に対して「きっちりと政策の中身を吟味しろ」と言う。しかし、政治家や候補者の掲げる政策がいかにいい加減なものか。きちんと行政組織に実現可能性を検討させていない単なる思い付きのものや、抽象的な希望的スローガンが多い。

もちろん選挙における政策選択の面は否定しないが、選挙でより重要なことは、ダメな政治権力者の首を武力紛争なくして刎《は》ねること。つまり、ダメな政治権力者を血を流すことなく政治の場から退場させることだ。

政治権力者を退場させるのは、本当は至難の業だ。世界各国の殺し合いの内戦を見ればわかる。シリアだって南スーダンだって、ひどい状況だ。トルコの軍部によるクーデターだって、あそこまで仕掛けないとエルドアン大統領という政治権力者を退場させることができないから起きたんのだ。北朝鮮の金将軍様だって、なかなか退場はさせられない。

政治権力者は、軍隊や警察などの強大な生の武力を保有している。この武力をもって国民の反乱を押さえつける。これが政治権力の本質だ。だから政治権力が国民に対して横暴極まりないことをしても、政治権力が本気になれば自分たちの身を守ることができる。中国を見ればわかるけど、国民が反乱を起こそうとしても、政治権力は力で押さえつけて乗り切っているよね。

でも、民主国家は違う。有権者の「投票」という行動だけで、いざというときには政治権力者を退場させることができる。これはものすごいことだ。

日本国民は、普段の生活で選挙なんてあまり意識していない。これはある意味、

Keywords
- テレビの評論家
- 報道の自由
- 人権派の二重規準

平和の象徴だ。

もちろん政治が機能していないこともあるし、税金の無駄遣いもあるだろう。一部の人にとっては、今の日本の政治が自分の不利益の原因になっていることもあると思う。それでも日本の政治が、横暴極まりなく国民の生命・財産を奪っている状態ではないので、日本人は「政治権力者の首を直ちに刎ねなければならない」という切迫感を持っていない。

まあ民進党、共産党などの野党連合やその熱狂的な支持者は、「安倍首相の首を刎ねろ！　退陣だ！」と叫んでいるけど、国民全体では政治への不満があり、内閣支持率が下がることはあっても、安倍さんの首を刎ねろ！という切迫感まではない。世界の状況を見ると、本当に日本って平和だと思う。

でも、日本の政治権力者がいつ国民の生命・財産を奪う行動に出るかはわからない。政治家をやった経験からすると、権力は「やろう」と思えば、簡単に濫用できる。役所組織だってしょせんは人の組織。政治権力者が役所の人事権を駆使して、自分に反対する人間を排除していくことも、その人間に危害を加えることも簡単だ。

今の日本でそこまでの権力の濫用が行われていないのは、何もしなくても実現する当たり前のことではなく、社会システム全体の不断の努力の賜物だ。徹底した権力濫用阻止のための社会の努力がないと、権力なんていとも簡単に濫用される。

そういう権力の濫用の恐れがある場合に、民主国家においては「投票」によって血を流すことなくその政治権力者を交代させることができる。僕の政治権力の使い方に濫用があると感じていた人もいただろう。だからこそ、僕は２０１５年の大阪都構想の賛否を問う住民投票によって、政治家としての首を刎ねられた。

内戦にならず、誰の命も奪われることなく政治権力者を交代させることができる。選挙はすごい！　ありがたい！　素晴らしい！

Keywords
- テレビの評論家
- 報道の自由
- 人権派の二重規準

報じる側も報じられる側も、萎縮せずに堂々とケンカせよ!

選挙で威力を発揮するのが「報道の自由」だ。まずは選挙の監視。後進国では、形の上では選挙をやるけど、不正な選挙で政治権力者が自分の身を守ることなんて日常茶飯事。監視は結局メディアの役割だ。

さらに、政治権力者の権力の濫用状況を白日の下にさらし、有権者に伝え、有権者が投票によって権力者の首を刎ねる判断のお手伝いをすることが重要な役割だ。権力の濫用は、一定ラインを超えると止められなくなる。一定のラインを超えて、選挙が機能しなくなればもう終わり。権力者の身分が武力で守られる状態に陥る。

政治権力の濫用が一定のラインを超える前に、その政治権力者を有権者の投票行動によって交代させること。これこそがメディアの絶対的な使命だ。裏を返せば、政治権力者は自分の地位を安泰にしようと思えば、報道の自由を制約し、報道機関を掌握すればいい。中国もそうだし、北朝鮮ももちろんそう。今、トルコもそれをやろうとしている。

だからこそ、報道の自由は、民主国家においては何が何でも守られなければならない。

ただし、報道の自由を守ることと、権力側が報道機関と言論によるケンカをすることとはまったくの別物だ。言論によるケンカはどんどんやるべきだ。政治権力者も、メディアの主張に異議があればどんどん主張すべきだ。ただし、権力を用いてメディアを統制することはご法度。あくまでも国民の監視の下での言論によるケンカ。

メディア側も、政治権力者に少し文句を言われたからといって、「報道が萎縮する！」なんて情けないことを言っちゃいけない。政治権力者がメディアに文句を言ってきたら、メディアは堂々と言い返せばいいだけだ。その政治家が許せないと思うなら、次の選挙で交代させるために、徹底してその政治家の横暴を報じればいい。政治権力者がテレビ放送局の電波利用権の制限をちらつかせてきたら、

Keywords

- テレビの評論家
- 報道の自由
- 人権派の二重規準

それこそ大々的にニュースにすればいい。

そんな政治権力者は、必ず次の選挙で交代させられる。

一強と言われた安倍政権の支持率が急降下したのは、テレビメディアを中心に、メディアが一斉に森友学園問題、加計《かけ》学園問題、陸上自衛隊の日報問題、その他自民党国会議員の不祥事をもとに、安倍政権批判を繰り広げたからだ。

ただし、メディアが批判すれば直ちに政権の支持率が下がるわけではない。有権者の共感を得られる批判でなければ政権にダメージを与えることはできない。メディアが有権者を味方に付けて本気になれば、日本の政治権力者は倒される。

それなのになぜ、メディアが政治権力者に対して及び腰なのか。

テレビ放送局側は、政治権力者によって電波利用権が制限されるなんて本気で思っているわけじゃない。２０１６年2月の高市早苗総務大臣の電波停止発言で騒いでいたのは、テレビ放送局の経営などまったくわかっちゃいない現場のジャーナリストたちだけだ。そういえば、鳥越さんもこの大騒ぎしていたジャーナリストの一人だった。

結局のところ、テレビ局は電波停止ではなく、取材を気にしているんだ。新聞もテレビも、政治サイドから情報を得られなくなったら、商売あがったり。政治サイドの取材拒否が一番こたえる。それで、政治権力者に堂々と言い返せないところがある。

でも、こういうときこそメディアは踏ん張らないといけない。僕もメディアとケンカするときに、取材拒否をちらつかせたし、実際にやったこともある。でも、それも含めて報じられた。だから、僕のほうに事実誤認があったところはすぐに認めて、取材拒否を撤回した。そうでなければ今度は僕が有権者からの支持を著しく失ってしまう。

民主国家における政治では、ポピュリズム（大衆迎合主義）と言われようがなんだろうが、有権者の支持がなければ思う存分政治ができないから、民主国家の政治家が支持率を気にするのは当たり前だ。しかし、それを気にし過ぎると今度は大胆な改革ができなくなり、また支持が離れていく。民意を無視してもダメだし、気にし過ぎると民意が離れる。

Keywords
- テレビの評論家
- 報道の自由
- 人権派の二重規準

今、韓国の文在寅《ムンジェイン》大統領は、慰安婦問題を両国間で最終的かつ不可逆的に解決したとされる日韓合意についても異議を唱えている。その他、1965年の日韓基本条約と同時に締結された「日韓請求権協定」で解決したとされる徴用工問題についても、日本の主張と相容れない主張をしたり、北朝鮮の立場に拠って主張したりする姿勢も目立ち、日本のメディアは文大統領を批判する声が強い。でも文大統領の韓国内の支持率は8割近いんだよね。国内の支持を受けているからといって国際社会でも受け入れられるわけではないし、逆に国際社会で評価を受けたからといって国内で支持されるわけでもない。民主政治ってほんと難しいよ。

いずれにせよ、民主国家の政治家は有権者の支持を得られなければ交代させられる。政治権力者とメディアの言論によるケンカも、有権者にきちんとオープンにすれば、政治権力者は横暴なことはできない。むしろそのような激しいケンカが、実態の解明につながったり、事態を動かしたり、さらには権力の濫用が一定ラインを超えないように歯止めをかける機能を果たしたりするんじゃないだろうか。

まあこのような意味では記者クラブ制度に頼らず、政治権力者のスキャンダル報道に徹している週刊文春や週刊新潮は、僕個人としては腹の立つメディアだけど、民主国家には必要なんだろうね。

僕は今政治家を辞めたといっても、純粋な私人とは言えないだろう。何かのスキャンダルがあれば、週刊誌連中は嬉々として報じてくると思う。ただし、一線を超える人権侵害はやるなよな！

政治家・役所とメディアとの持ちつ持たれつの関係は止めるべきだ

今、メディアが恐れている取材拒否とは、「楽して情報を得られる取材」を拒否されることだ。政治家と役所はメディア側に情報を提供するし、メディア側も政治家や役所に情報を提供する。こんな関係が現実にある。国会議員は、自分に番記者が付くと嬉しくなるようで、地方議員ならなおさらだ。ここから政治家・役所とメディアの持ちつ持たれつの関係がはじまる。その集大成が記者クラブ制度だ。

記者クラブ制度では、記者クラブの加盟社しか記者会見場に入れない。記者会見は、メディアが主導権を握っているという建前で、記者クラブ主催ということになっている。メディアはそうやって格好をつけているけど、実際は役所主導のケースがほとんど。記者は、政治家や役所から出される情報を、そのまま報じることが通例となっている。

役所サイドも、記者に対して取材をする。次の記者会見で記者がどんな質問をするのか徹底して取材することが、役所の報道担当の使命なんだ。記者からの質問を把握して、それに対する回答を用意する。すなわち想定問答の作成だ。

記者が何を質問するかはっきりと教えてくれればいいけど、そこが明確でない場合は、どんな質問が飛んでくるのか予想しなくちゃならない。さらに、役所の回答について、どんな再質問が飛んでくるのか。役所は、首相や大臣、首長などの政治家に恥をかかせないために、「そこまで準備するのか⁉」というくらい念入りに準備をする。

でも、政治家を守っているわけじゃなく、守れなければ自分の出世にも響くというのが本当の動機だろう。記者は質問内容を事前に教えることで「貸し」を作り、役所は一定の情報を与えることで「借り」を返す。

こうした貸し借りの人間関係が機能するのは、閉鎖的な社会であればこそ。その証拠に、先にも言った通り記者クラブは加盟社以外のメディアを排除している。

メディアが一番恐れるのは「特オチ」だ。「特ダネ」とは、1社だけが独占的にスクープすることを言う。逆に、「特オチ」とは1社だけが報じないことだ。

1社だけが報じる特ダネは、「すごいな」で終わるけど、自社以外すべてのメディアが報じている特オチの場合は、記者の出世に響く。だから記者は、特ダネを狙うよりも、特オチを防ぐことに必死になる。こうして「横並び」が記者にとって一番の安全・安心になっていく。この横並びも、閉鎖的な社会であればあるほど、うまくいく。記者クラブ制度は、民主主義後進国の制度だ。

メディアは、政権・行政から提供される情報をそのまま流すだけの現在の姿勢から転換する必要がある。「誰が何を話した」「誰と誰が仲がいい」とか、そんな

Keywords
- テレビの評論家
- 報道の自由
- 人権派の二重規準

身内話を報じることに力を入れるのも止めるべきだ。こういう情報は、政治家・役所サイドから、身内での内緒話を教えてもらわないと、なかなか記事にできない。でも、こういう記事は読んでも事情通気取りになるだけで、今後の日本の政治を考える上でほとんど役に立たない。

これからのメディアは、調査報道に力を入れるべきだ。自ら課題を見つけて、記者会見の場で政治家や役所を堂々と追及すればいい。そして政治家・役所が狼狽している姿をそのまま伝える。

こういう話題は、身内での内緒話じゃないから、政治家・役所との馴れ合いの関係を持たなくてもいい。むしろ馴れ合いの関係が厳しい追及を邪魔してしまう。メディアも政治家や役所との関係が悪くなって取材拒否されても気にする必要はない。そんなことをしてきたら、推測記事でガンガン政治家や役所を追い詰めればいいんだ。

政治家の間での身内話をいかに早く伝えるか、という姿勢から、政治家や役所を追い詰める調査報道を重視する姿勢へ転換すれば、メディアも政治家・役所と徹底してケンカができるし、政治家・役所に何か少し言われたくらいで萎縮することもない。記者クラブ制度なんてとっとと止めることが、日本の報道機関のレベルを上げて、民主主義をより発展させることにつながるだろう。

鳥越さん出馬の第一印象は「知事の仕事をバカにしてるな」だった

鳥越俊太郎さんが都知事選への出馬会見を開いたとき、メディアは応援ムードだった。現場の人たちからすると、鳥越さんはジャーナリストの先輩だという意識があったのだろう。尊敬の念を抱いていたジャーナリストも多かったと思う。でも、僕が鳥越さんの会見を見た最初の印象は、「首長の、そして東京都知事の仕事をバカにしてるな」というもの。鳥越さんは「政策のことは、今は何もわからない」「これから勉強する」の一点張り。そして「他の候補者の政策にも関

Keywords
テレビの評論家
報道の自由
人権派の二重規準

心がないから読んでいない」だって。

そんな状態で立候補するなんて、よっぽど自分に自信があるんだな、と感じた。

ところがその後、テレビでコメンテーターが次々と発するコメントには驚いた。コメンテーターたちは、揃いも揃って「鳥越さんは正直だ」と褒めた。普通なら、「都知事の仕事を舐めてんのか！」と怒ってもいいはずなのに。

知事の仕事は範囲は広いし、自分の判断や態度振る舞いによる影響も大きい。大阪市長の仕事の範囲でさえも広範囲過ぎて、とてもではないが一人が責任者になれるようなものじゃない。たとえば、関西では一、二を争う規模の鉄道事業者である大阪市営地下鉄の運営が、大阪市長の数ある仕事のたった一つに過ぎない。もちろん、地下鉄の運営は主に交通局長がやるけど、最終責任は市長が負う。地下鉄の運営の仕事だけでも大変なのに、このレベルの仕事が腐るほどあるのが大阪市長という立場だ。

東京都知事は、仕事の範囲も影響力も大阪市長よりももっと大きい。大阪府知事の仕事と大阪市長の仕事を合わせたようなものだろう。それこそ一国の大統領レベルだ。

　こんな重大なポジションに就くのに、毎日新聞の記者出身で毎日新聞の社長すらやったことがない人が、何の準備もしなくていいわけがないし、当選後ちょっと勉強したくらいで対応できるものでもない。

官僚に比べたら僕の知識なんて鼻くそみたい。だから必死で勉強した

　準備不足でも立候補するのは自由だ。僕も大阪府知事選挙に出馬したときは、完璧な準備をしていたわけじゃない。官僚の知識に比べれば、僕の行政に関する知識なんて鼻くそみたいなものだっただろう。だからこそ、知識不足を認めて必死に勉強した。勉強したからこそ、官僚組織と同じ土俵で議論するには、まだまだ努力が必要なこともわかった。

Keywords
- テレビの評論家
- 報道の自由
- 人権派の二重規準

必死になって勉強したから、知事と官僚の役割が異なることも自分なりに把握できた。

政治家は大きな方針を示す、決定する、官僚組織が判断できないことを判断する、官僚組織が気付かない問題点を指摘するのが仕事。一方、官僚組織は、政治家の大きな方針にもとづいて、具体的な制度設計をする、具体的な計画を作る、実行する、政治家が判断する基礎資料を作るのが仕事だ。

ただ、選挙段階では官僚組織を活用できないから、新人立候補者は練られた政策を作ることはできない。だからこそ、まず大阪府が抱える問題点を指摘し、大きな方針を示すことにした。僕は知事になる前はテレビのコメンテーターの仕事をしていたから、政治・行政の勉強はある程度していたし、大阪の情報番組では、大阪府政・市政の問題点をクローズアップする機会が多かったので、問題点の指摘や大きな方針を示すことはできた。

出馬会見は選挙突入の1か月前くらいに行ったけど、出馬会見から選挙戦突入までの1か月間も必死になって勉強した。取り寄せた資料を手提げの大きな紙袋いっぱいに詰めて、いつもその紙袋2つを持って移動中に勉強していた。ところが鳥越さんは、都政について勉強しているという姿勢がまったく感じられなかった。準備不足が指摘されはじめると、鳥越さんは「自分は記者時代いつも詰めこみで勉強していたので、今回も詰めこみ勉強で十分理解できた」と堂々と言っていた。3日間や1週間で、都政を十分理解できたと。

鳥越さんはこれまで51年間記者・ジャーナリストをやってきて、インテリ代表のように扱われてきたから、相当な自信があったんだと思う。でも、知事を実際やるとなると、記者の51年分の経験なんて鼻くそみたいなものだ。記者の経験だけで知事の仕事ができるはずがない。このあたりの謙虚さが鳥越さんにはなかった。

この時点で僕は、「この人はダメだな」と感じた。そしてこういう人の周りには、自分はものすごく賢く、自分こそが絶対に正しいと信じ込んでいる自称インテリがたくさん寄ってくる。「類は友を呼ぶ」とはまさにこういうことだね。

Keywords
- テレビの評論家
- 報道の自由
- 人権派の二重規準

なぜ選挙報道では対象を全候補者ではなく有力候補者に絞るべきなのか

メディアははじめ、鳥越さんの応援モードに入っていた。実際世論調査では、鳥越さんは当初、一番支持率が高かった。このままいつものように選挙戦に突入して、政治的中立性を理由にテレビメディアの選挙報道が激減していたら、鳥越さんが勝っていただろう。これまでメディアが鳥越さんの本質を批判的に伝えたことはなかったから、有権者の鳥越さんに対するイメージは著しくよかったしね。

ところが今回は、特にテレビメディアが選挙期間中もずっと都知事選挙を報じた。特に、3人の主要候補に絞って報じ続けた。僕は、これが非常によかったと思う。鳥越さんの本質がどんどん有権者に伝わってきたからだ。

報じる候補者の絞り込みについては、文句を言っている人もいた。候補者全員を公平に扱え、とね。

しかし、メディアで取り上げる候補者の絞り込みは絶対に必要だ。選挙報道は、第一に、有権者のためにある。「候補者のため」というのは二の次だ。有権者のために、判断材料を整理するのがメディアの使命なんだ。特にテレビメディアにおいては時間の制約があるので、都知事選21人の候補者の主張をそのまま流そうとすれば、１人の主張は、ごくごくわずかな時間になってしまう。これでは有権者の判断材料にはならない。

もちろん、絞り込みに不公平があってはならず、恣意性が入ってはならない。最後は世論調査の支持率などをもとに、上位３～４人に絞り込めばいい。実質的な討論ができるのは、せいぜいそれくらいだからだ。

しかし、ここで大きな問題が生じる。現在の公職選挙法は、選挙期間中の人気投票（アンケート調査）の結果を報じることを禁じている。だから、選挙期間に突入すると、世論調査による各候補者の支持率は報じられない。「リード」「競り合い」「猛追」などの表現でごまかすしかない。

この公職選挙法の規定は、有権者を子ども扱いしている。有権者が選挙期間中

Keywords
- テレビの評論家
- 報道の自由
- 人権派の二重規準

の人気投票の結果に惑わされるからそれはダメ、という理由なんだ。

僕は、公職選挙法を改正するか、それとも判例にある通り「メディアの世論調査は、人気投票ではなくあくまでも調査だ」とメディアが言い張って、選挙期間中の世論調査における支持率を逐次発表していくべきだと思う。そして、その各候補者の支持率をもとに、テレビメディアで報じる対象者を絞り込めばいい。東国原英夫さんは、テレビ討論会の1回目は全員に公平に時間を与え、その後に世論調査結果にもとづいて絞り込めばいいと主張していた。それも一つの案だ。

いずれにせよ、報じる対象の絞り込みは必要だ。そうすると、よほど自分の知名度に自信がある候補者を除いて、ある程度の支持率を得るために政党の支援を受けられるよう努力するとかの何らかの政治的努力が必要になる。

首相を直接選挙で選ぶ首相公選制には、「いい加減な立候補を許し、単純な人気投票になる危険性がある」と否定的な意見が多い。実際は、国会議員が、自ら首相を選ぶ権利を失うことに反対しているだけなんだろうけど。

日本の首相は国会議員が選ぶ。だから、重要なポジションに就けないぺーぺーの与党国会議員が、唯一自分の存在意義を主張できるのは、この首相の選出のときだけなんだ。国会議員はペーペーであろうが誰でも首相選出のための1票を持っているから、永田町では、どんなに若い、力のない、ペーペーの国会議員でも、首相選出の際は尊重される。首相を選ぶ権利が、国会議員からなくなると、それこそ実力のない国会議員は相手にされなくなる。

このような事情から、首相公選制を導入するにしても、一定の数の国会議員から推薦を受けることを条件にするなど、立候補する時点で、首相候補者が国会議員に頭を下げる何らかの政治的努力を求める説が多い。まあ国会議員の本音はどうであれ、一定の国会議員の推薦を必要とすれば、いい加減な立候補はできなくなる。

知事選でも同じだ。立候補する前に候補者が何の政治的努力もせずに単に立候補届だけを出し、「立候補した以上、すべての候補者は同じ時間、同じスペースで報じろ」と主張するのは、売名のためだけのいい加減な立候補を許してしまう。

何らかの実績があって知名度があればそのまま立候補すればいいし、知名度が

Keywords
テレビの評論家
報道の自由
人権派の二重規準

なければ政党の支援を受けるか、何らかの政治的努力を行って世論調査の支持率をそこそこ得ることを求める。

世論調査の支持率によって、メディア、特にテレビメディアが取り上げる候補者を絞り込むシステムが確立すれば、売名目的のいい加減な立候補を防ぎ、単純な人気投票になることも避けられるだろう。

実際の選挙結果を見ると、テレビメディアが取り上げた主要3候補以外は、主要3候補の得票率と比べて箸にも棒にもかからない低いものだった。そして主要3候補に絞った報道だったからこそ有権者はしっかりと判断できた。その他の候補者は、事前にある程度支持率が上がるように、政党やさまざまな政治運動団体と交渉するなどの政治的努力が必要だった。

ただし、事前の支持率が低いからといって立候補自体を禁じる必要はない。立候補するのは自由だが一定の支持率がなければメディアには取り上げられない場合があるという運用で、候補者に政治的努力を促すことがベストだと思う。

いつもは女性の権利を叫んでいる女性たちが鳥越さんを応援した気持ち悪さ

選挙の際の報道は、あくまでも有権者視点で行うことが重要。一番重要なのは、候補者を絞り込んで徹底して報じること。このときの都知事選挙はこの選挙報道の原則を守って報道したから、有権者はある程度しっかりと判断できた。当初あれだけ支持を得ていた鳥越さんの支持率が、わずか17日間で急落した。これこそ選挙報道が機能していた証拠だ。

17日間で、鳥越さんについてはさまざまなことが判明した。都政について何もわかっていないこと、街頭演説の数も著しく少なかったこと、公開討論会を拒んだこと、そして週刊誌によって女性スキャンダルが報じられた際、メディアに対して真摯に説明する姿勢を欠いたことなどなど。それによって、鳥越さんのイメージが一気に崩れた。

Keywords
- テレビの評論家
- 報道の自由
- 人権派の二重規準

そしてなんと言っても、鳥越さんの街頭演説の不気味さだ。安倍さんや僕のことを独裁者呼ばわり、裸の王様呼ばわりしてきたのに、鳥越さんこそが独裁者、裸の王様の街頭演説をやっていた。聴衆が同じプラカードを持っていた。でも、アメリカの大統領選挙のような明るさはなく、全体主義のムードだ。さらに自分がこれをやりたい、という主張よりも、相手批判ばかりの演説。

集まる人々は、「こんな人を呼んで来たら、どんどん無党派層の支持が離れてしまうのに」と無党派層の感覚ではすぐに感じる、いつもの自称インテリ応援団。一番気持ち悪かったのは、常に女性の人権を叫んでいる女性の自称インテリたちが、ずらっと並んで応援演説をしていたことだ。鳥越さんは自らの女性スキャンダルについては自分の口から何も釈明していないのに、この人権派の女性たちは鳥越さんの女性スキャンダルについて一切責めることはしない。僕が鳥越さんと同じようなスキャンダルを起こしたら、この人権派の女性たちは僕を袋叩きにしてくるはずだ。

人権派ってご都合主義の連中が多いと思うよ。自分の味方の人権だけを大切にして、自分の敵は徹底的に責める。自分の味方が人権侵害をしていてもそれは知らん顔。参議院議員有田芳生もそういう連中の典型だ。

そんな人権派の欺瞞を国民の多くは見抜いている。これが今、いわゆるリベラルを自称しているインテリたちの主張がまったく国民から支持されない理由だね。

この講のポイント

政治を監視するという意味で、報道の自由こそが民主主義の根幹だ。自分がやられたら腹の立つ週刊誌のスキャンダル報道であっても。

ただし、報道の自由を守ることと、報道機関とケンカすることとはまったくの別物。権力を使ってメディアを押さえ込むことはご法度だが、言論によるケンカはどんどんやるべきだ。政治権力者は、メディアの主張に異議があればどんどん主張すべきだし、メディア側も、政治権力者に少し文句を言われたからといって、「報道が萎縮する！」なんて情けないことを言っちゃいけない。政治権力者がメディアに文句を言ってきたら、堂々と言い返せばいいだけだ。

第三講

ここがおかしい！公務員の政治活動

公務員の労働組合は、自分たちの給料・身分を守るため死に物狂いで選挙をやる

２０１６年夏、都民の圧倒的な支持を受けて小池都政は動きはじめた。その支持基盤は、これまでの既存政党の支持基盤とはまったく異なる。自民党も民進党も一定の組織票を前提としているが、２０１６年の都知事選挙では、民進党の支持基盤である連合（全国の労働組合を束ねている組織。日本労働組合総連合会）は「自主投票」で臨み、民進党推薦の鳥越さんの応援から逃げた。

連合は、傘下に電力総連（全国電力関連産業労働組合総連合）を抱えており、電力総連は原発推進派。原発が動くことで電力会社は利益を生み出し、従業員の給料が上がるというメカニズムを望んでいる。一方、共産党は原発反対。ゆえに連合と共産党はぶつかり合う。しかし、連合を支持基盤とする政党の民進党は共産党と手を組んだ。このあたりは本当にわかりづらい。いずれにせよ、鳥越さん

Keywords
地方公務員
どっちつかずの中立
公職選挙法

は反原発だから、連合は鳥越さんを応援できない。これが一応の建前。

本音で言えば、小池さんが圧勝することを連合は予測し、知事とケンカをするのは得策じゃないと政治的な判断をしたのだろう。小池さんが勝つことは選挙序盤戦が終わったところで見えてきた。そこで連合は勝ち馬に乗った。連合は、都職員などの公務員の労働組合である自治労なども抱えている。

公務員組織はさすが賢いよね。自分たちのボスである知事にこれからなる人と真正面でケンカすれば、自分たちの給料や処遇などがどうなるかわからなくなる。だから小池さんとケンカすることを避けた。その心意気はOKだ。

全国の都道府県・市町村自治体の職員労働組合は、自分の役所のトップを決める選挙となればフル稼働する。そりゃそうだ。選挙で自分のところの「社長」に恩を売っておけば、その後何かとやりやすい。当選した市町村長や知事も、職員の労働組合から選挙応援を受けたら、職員に厳しいことなんかできなくなるからね。

公務員の労働組合の組織力は半端じゃない。そして自分たちの給料・身分を守るために死に物狂いで選挙をやる。一般の有権者と選挙に対する気持ちが違うんだよね。

一般の有権者は、自分の住んでいる役所のトップが変わっても、そのことで得られる利益を強く意識することはほとんどない。だから、誰が市町村長になっても一緒という感覚で投票を棄権する人が多く、投票率は低い。

しかし公務員は違う。誰が自分たちが働く役所の長になるかによって、自分たちの処遇が変わってくる。民間の会社で、社長が社員の投票で選ばれることを想像してみてよ。そうなれば、社員は必死になって選挙運動をやるでしょ。公務員の、特に自治体トップを選ぶ選挙に臨む姿勢はそういう感じなんだ。

そして何と言っても役所の職員だから、その地域では顔が利く人間も多く、集票力も高い。職員は普段、仕事として役所の権限を行使しているけど、この影響力は凄まじいよね。許認可や補助金支給の権限なら、民間サイドはその職員の顔色を常に窺わざるを得ない。もしその職員から、特定候補者への投票を依頼されたら、まあ断れないよね。さらに、組合組織は組合員たる職員から組合費を徴収してかなりの金も持っている。事務所や機関紙も完璧。

Keywords

- 地方公務員
- どっちつかずの中立
- 公職選挙法

普通、選挙になると、選挙事務所を構えるのに結構金がかかって大変だ。だから、せいぜい選挙前の1か月から2か月前に選挙事務所を設置するのが一般的。選挙がはじまってから構える候補者も多い。ところが、公務員労働組合は常設で事務所を持っている。しかも、多くの自治体では役所の中に組合事務所が存在する。役所があるところは、その地域の一等地。だから多くの自治体の公務員労働組合事務所は、その地域の一等地に存在する。

さらに公務員労働組合事務所は、役所に賃料を払っていない場合が多い。役所は組合に対して賃料全額免除までしていなくても、減額していることがほとんど。だから公務員労働組合は、その地域の一等地に家賃無料で、ないしは破格に安い賃料で事務所を構えていることになる。本来払わなければならない賃料分は、組合の剰余金となる。そして、この剰余金を選挙のときにフル活用する。だから、職員組合の資金力は半端じゃない。

そして機関紙。選挙がはじまると、候補者の配布できるビラは大体2種類までと制限がかかる。これもおかしなルールだ。選挙がはじまって、政策を訴える一番大事な時期に、配布できる文書に制限がかかるんだから。

強力な公務員労働組合や「地振」が市政の決定権を握っていた大阪市

一般の候補者は、限られたビラしか配布できない。ところが、公務員の労働組合はその資金力で機関紙をバンバン出す。選挙期間以外も定期的に発行されている機関紙は、選挙ビラという扱いにならず配布制限がかからない。新聞と同じ扱いになるんだ。

一般の候補者は選挙期間以外から定期的に配布物（機関紙）を発行することなんてできない。配布物の発行にはちょっとしたものでも数十万から数百万円という莫大な金がかかるからね。だから、一般の候補者は法律上制限のかかる選挙ビラしか配布できない。

Keywords

- 地方公務員
- どっちつかずの中立
- 公職選挙法

しかし、公務員労働組合は違う。普段から機関紙として配布物を発行しているから、選挙期間中も制限なくその機関紙を発行できる。そして候補者の名前を売り、政策を訴える。

このように、公務員労働組合は選挙になるとすごいんだよね。金はあるわ、事務所はあるわ、機関紙はあるわ。何よりも号令ひとつでものすごい数の人が動く。公務員組織の指揮命令系統は軍隊並みだ。そしてここでの活躍が、これまた役所での人事評価にもつながるから職員は必死に動く。

さっきも言ったけど、何よりも公務員労働組合は気合が違う。普通一般の有権者は、自らの1票や誰が当選するかで、自分たちの生活が劇的に影響を受けることはない。ところが公務員労働組合は、誰が当選するかで、自分たちの給料等が多大に影響を受ける。天下りも影響を受ける。だから、死に物狂いで自分たちの味方になってくれる候補者を応援する。

大阪、特に大阪市役所はひどかった。まず、公務員労働組合の組織率は98%以上。非管理職のほぼすべてが組合に加入。そして、給料から組合費が自動的に天引きされる。大阪市の職員は4万人規模。毎月どれだけの組合費が自動的に組合に流れていたことか。

もちろん複数の組合が存在していたけど、それでもそれぞれに流れてくる組合費は莫大だ。やっぱり人も多いし、機関紙もしっかりしたものがある。そして一番は組合事務所だ。大阪市役所は、大阪市の一等地、淀屋橋中之島の御堂筋沿いにある。日銀大阪支店と御堂筋を挟んで向き合っている。その大阪市役所の地下2階のワンフロアほぼすべてを、組合事務所が占拠していた。かつては賃料無料。途中で若干の賃料を払うようになったけど、それでも近隣のオフィスビルの賃料と比べれば破格に安い賃料だ。

大阪市長選挙のときには、この公務員労働組合がフル稼働する。そして、自分たちのことを守ってくれる候補者を応援する。そこには大阪市の未来なんか関係ない。大阪市役所の職員の給料や天下り先、職員の処遇をしっかり守り、職員の言うことをきちんと聞いてくれる市長かどうか。これが大きな判断要素となって、大阪市の職員労働組合は自分たちを守ってくれる、そして自分たちの意のままに

Keywords

- 地方公務員
- どっちつかずの中立
- 公職選挙法

なる候補者を全力で応援する。

大阪市役所は、自治体の役所としては東京都庁に並ぶ花形役所だ。役所の職員数が多いから、大阪市内にたくさんの大阪市職員が住んでいる。大阪市内には20万人を超える市役所職員、OB、その家族などが市長選挙の有権者として住んでいると言われている。これらの人たちがみんなでフル稼働するのだから、すごい選挙運動体だ。

大阪市長選挙では35万票を獲れば当選。そう聞くと、この市役所職員ファミリーのパワーのすごさがわかると思う。彼らを味方に付ければ、当選に必要な35万票のうち半分以上は簡単に確保できるんだからね。

何よりも、この職員ファミリーの地域に対する影響力がすごい。大阪市には、だいたい小学校の校区に1つずつ、合計約330の自治会単位がある。大阪市役所はこれら自治会にさまざまな補助金を出している。この自治会の下部組織に、PTA、青少年指導員、民生委員、保健・医療福祉ネットワーク推進員などさまざまな市民団体がぶら下がっている。地域活動をしている地域の顔役の人は、皆この自治会組織に所属していることになる。これが大阪市名物の大阪市地域振興会、略称「地振」。

さらに市役所は、大阪市内のありとあらゆる業界団体に補助金を出している。医師会、歯科医師会、保育園連盟、幼稚園連盟、商店街組合連盟……。役所が本気で号令をかけると、これらが一斉に動く。

この地域振興会や業界団体は、大阪市のために公益的な活動をしていることはたしかだけど、市長選挙においては市長に恩を売る立場が強くなり過ぎて、大阪市政を歪める要因になっていたことも間違いない。要するに、市長及び市役所は、これらの団体の言うことをとにかく聞かなければならないような状況になっていた。

特に大阪市政というのは、大都市経営の側面だけではなく、地域の細かな政策の実行を任務とする。いわゆる基礎自治体としての任務だ。保育所を作ったり、小学校を統廃合したり、図書館を移設したり、地域パトロールをしたりと、ありとあらゆる地域密着の仕事がある。それらの政策を実行するにあたっては、大阪市役所は「地振」の同意を取り付けなければならなかった。すなわち、大阪市政の決定権を「地振」が握っていたと言っても過言ではない。

大阪市役所は対立候補を全力で応援、市営地下鉄の運賃値下げまで！

Keywords
地方公務員
どっちつかずの中立
公職選挙法

大阪市の職員はそういう仕事の進め方を当然としてきたから違和感を覚えないだろうけど、外部の僕から見ると、大阪市役所の地振への配慮は度を超していた。僕が大阪府知事から大阪市長に転じるために2011年11月大阪市長選挙に出馬したとき、大阪市役所は僕を落選させるために組織としてフル稼働し、対立候補であり、当時の大阪市長である平松邦夫氏の応援を全力で行った。僕は「大阪市役所をぶっ壊す!!」と言っていたから、大阪市役所は僕の当選だけは絶対に阻止しなければならなかった。

このときは、戦時下の日本の大政翼賛会や中国の国共合作よろしく、自民党・

旧民主党・共産党という既存政党もガッチリと手を組んで平松氏を応援した。僕が提唱する大阪都構想が実現すると大阪市役所がなくなり、そして大阪市議会もなくなるから、大阪市議会議員としての身分を守るのに必死だったんだろう。

平松市政での副市長の一人が、平松陣営の事実上の選挙対策本部長。副市長から役所に指示が出ると、それは上司からの命令となり、組織が一気に動く。区長は区長会議に集められて、選挙情勢の報告会と作戦会議。区役所と地振・業界団体が一丸となって票を集める。市役所は、平松氏の応援につながるパンフレットを作成して配布する。税金でやるんだから、そりゃあやりたい放題だ。

選挙前には、地下鉄御堂筋線の車内放送が平松さんの声に替わっていた。僕は大阪市営地下鉄やバスを民営化することを公約に掲げたけど、地下鉄・バス職員は公務員の身分がなくなると猛反対。地下鉄・バス職員の組合は総力を挙げて平松氏の応援をして、選挙前には「大阪市営地下鉄は頑張っているよ!!」というテレビＣＭまで流した。そうそう、選挙前だけ、地下鉄の運賃も値下げをしてきた。

区民祭りや地域のお祭りなどでは、区役所職員が一丸となって、平松さんの似

Keywords
- 地方公務員
- どっちつかずの中立
- 公職選挙法

顔絵入りのパンフレットを配布。市政のアンケート調査の形になっているんだけど、文面は平松さんの政策実績を示すパンフレット。候補者の似顔絵入りだから、市役所の配布物じゃなければ公選法違反だ。さらにこのパンフレットと同時に、手袋とか、ちょっとした景品も配っていた。これも全部税金でね。

役所じゃなく、僕ら普通の候補者がこれをやったら完全に公選法違反でアウトだね。

平松さんと市役所幹部がぞろぞろと揃って各区の地域回り。地域住民との市政タウンミーティングと称して、市民からの要望を聞くイベント。これも役所を使った選挙運動と紙一重だ。会場費用から、スタッフとなる役所職員の人件費はすべて税金。住民から要望が出れば、市長・市役所として前向きな回答を出す。すると住民は大喜び。

そして、これまで領収書の添付を求めていた「地振」への補助金が、領収書抜きの交付金に変更。1地振に100万円の交付金だ。これに加えて、公務員労働組合としての選挙運動……。

いやー、公務員組織が本気で選挙をやったら、公務員組織の応援のない候補者は勝ち目がないね。公務員組織は、税金・組合費というカネと職員というマンパワー、そして地域住民への影響力をフルに使えるんだから。

僕が市長に就任してからは、これらをことごとく禁止していった。禁止するほうが全国的には例外だと思う。全国どの自治体も程度の差こそあれ、この大阪市役所の状況と似たり寄ったり。もちろんその中でも大阪市役所の選挙運動は突出していたけど、現職の知事・市長・町長・村長が選挙に強いということは、こういう役所の選挙運動の実態があるからなんだ。

「公務員にも政治活動を認めろ!!」と、頭でっかちの自称インテリはよく叫ぶが、このような公務員の選挙運動の問題にきちんと対処しないと、公務員の権利を守る知事・市町村長や都道府県・市町村議員ばかりが当選して、行政が歪んじゃうよ。

Keywords
- 地方公務員
- どっちつかずの中立
- 公職選挙法

公務員の政治活動規制で大阪の政治はこんなに変わった！

都知事選挙では、都職員の組合を抱えている連合は、圧勝が見込まれる小池さんとケンカはせず、鳥越さんの応援から外れた。連合としては都職員の給料・処遇を悪くしないための素晴らしい政治判断だったけど、小池さんはどう受けとめたのだろう。連合が鳥越さんの応援をしなかったことで、小池さんが連合に対して恩義を感じたのか、都職員組合はハラハラものだっただろう。

僕は、小池さんには連合・都職員組合への恩義なんて感じないでほしかった。東京大改革をやるなら、都庁組織、役人組織に大胆にメスを入れなければならない。ある意味、職員とケンカをする場面もあるだろう。だからこそ、職員を敵視する必要まではないけど、恩義を感じる必要もない。これからもズバッと都庁組織の改革を進めてほしい。

連合・都職員組合だって、どうせ負けることがわかっていた鳥越さんの応援をしなかっただけなんだから、それで恩を売ろうなんてそもそも虫がよすぎる。しかも積極的に小池さんの応援をしたわけじゃないんだ。小池さん、鳥越さん両者に対して単にどっちつかずになっただけ。戦のときに、中立ほどしょうもないポジションはないよ。

勝った側に付けば、当然論功行賞をもらえる。負けた側に付けば、何らかの制裁が加えられるけど、それでもあいつははっきりしていると評価される。次のチャンスに復活できれば信頼度が高まることは間違いない。もちろんチャンスがなくそのまま終了となることもあるけどね。

一番ダメなのは、どっちつかずの中立、様子見だ。これはスイスの永世中立とはもちろん別だ。スイスは中立と言ってもどっちつかずではなくて、あらゆる相手と同等に戦うという意味での中立。第2次世界大戦のときも「自国の領空を侵犯する航空機は、連合国のものであろうが枢軸国のものであろうが撃ち落とす」という宣言をしていた。このような戦う中立ではない、逃げの中立が戦では一番

Keywords
地方公務員
どっちつかずの中立
公職選挙法

信用を落とすし、ダメなんだ。逃げの中立は、とりあえずの自分の利益を守ることができる。しかし、将来の信用はガタ落ちになるんだよね。

もちろん、役所組織自体は、政治に中立でなければならない。この場合は逃げの中立でいい。役所組織はさまざまな政治思想を持つ市民の税金で運営されているんだから、役所が特定の政党を勝たせるために選挙運動をやることはご法度だ。役所は、有権者が選んだ政党の指揮に服するのみ。役所好みの政権を誕生させるために役所が特定政党、特定候補者に肩入れするのは絶対にダメだ。

ただし、公務員労働組合、厳密には現業職（上下水道職員・地下鉄バス職員・給食調理員・ゴミ収集職員など）の労働組合は、一定の政治活動が認められている。問題は行政職（事務職）の公務員だ。行政職の公務員は地方公務員法上、政治的中立性が求められるが、政治的中立性の中身の規定もなく、違反に対する罰則規定もなかった。だから、行政職の公務員も事実上の政治活動を行っている例が多い。かつての大阪市役所がそうだった。

そこで僕は、大阪市の行政職の地方公務員にも、国家公務員と同じような政治的中立性を求め、反する場合には懲戒処分にもできるような条例を制定した。これは全国初の条例だ。

これ以後、大阪市の行政職の公務員が、組織的に政治活動を行うことはなくなった。もちろん職員個人の政治活動は認めているが、それでも公務員労働組合に頼りっきりだった旧民主党の政治家は大阪では皆落選した。民進党は大阪府議会では1人だけ当選。大阪市議会では全員落選。堺市議会では民進党が設立される前に、そもそも「民主党」という看板がなくなった。国会議員も旧民主党の小選挙区勝者は1人だけ。参議院議員はゼロになった。

公務員の政治活動に対する規制については賛否両論があることは承知している。でも、日本の公務員の政治活動には非常に問題が多い。特に大阪市役所ではそうだった。一般の有権者は、当該地域の未来を考えて1票を投じるけど、公務員、特に当該役所の職員にとっては、自分の「社長」を選ぶ1票となっている。会社の従業員は、社長を選ぶ権利など持ち合わせていない。ここが公務員の1票の意味が一般の有権者の1票のそれとは異なるところだ。地域の未来を考えるよりも、自らの職場での給料・処遇を考えての1票となってしまう。

さらに、公務員の政治活動には、役所からの補助金支出先へ働きかけるリスクや、組合事務所が役所より特別な優遇を受けて格安の賃料でもって役所内に設置され、政治活動をするにあたり非常に有利になっているという問題もある。自称インテリは、公務員にも政治活動の自由を認めろ！　と言うが、これらの解決しなければならない課題を解決した上で、公務員の政治活動の自由の議論に移るべきだ。

Keywords

- 地方公務員
- どっちつかずの中立
- 公職選挙法

この講のポイント

公務員の政治活動に対する規制については賛否両論ある。でも、日本の公務員の政治活動には非常に問題が多い。税金、組合費と職員、そして地域有権者への影響力をフルに使える公務員組織が本気で選挙をやったら、公務員組織の支援を受けていない候補者は勝ち目がないからだ。規制しなければ、公務員の権利を守る知事・市町村長や都道府県・市町村議員ばかりが当選して、行政が歪んでしまう。

第四講

メディアも間違えた豊洲問題の本質

盛り土なしの地下空間？豊洲問題の本質はここにある

２０１６年９月、東京都が築地市場の移転先として整備した豊洲新市場に「地下空間」があると大騒ぎになった。なぜ盛り土がなされなかったのか、いつ誰がどのように計画を変更したのか。さらには計画変更の際の議事録がない……と、次から次へと大騒ぎだ。

２０１６年９月30日に、豊洲市場地下空間に関する調査特別チームから「自己検証報告書」がまとめられた。小池知事は、「都庁はガバナンスが欠如している！無責任体制だ！」と都庁を批判。ある意味当たっているが、ある意味的外れだ。

これはメディアも同じだ。

「『盛り土なし』に決定した者は特定できず」

「盛り土なしに段階的に『方針変更』」

Keywords

- 豊洲問題
- 組織の意思決定
- ゼロ・リスク

9月に出された自己検証報告書と、豊洲市場における土壌汚染に関する専門家会議(平田健正座長)が出した土壌汚染対策の提言を見れば、豊洲問題の本質が見えてくる。

都庁の意思決定に問題があったことは間違いない。この点を明らかにしたのは小池さんの功績だ。しかし、ポイントがずれると有効な対策を講じることができなくなる。

この問題は、巨大な役所組織の意思決定のメカニズムとその問題点を適切に理解する必要がある。これは役所組織に限らず、民間組織にも言えることなので、組織マネジメントを考える上で最高の教材だ。

豊洲の盛り土なし問題についてまとめられた9月の自己検証報告書を見る限り、「都庁の意思決定として」、「建物の下に盛り土をする方針」はどこにも見当たらない。

これに対するメディアの論調は、「建物の下に盛り土をしないと、いつ誰が変更したのか」の一本調子だった。建物の下に盛り土をすることが絶対的な前提となっている。外部顧問も参加する都政改革本部に設けられた市場問題プロジェクトチーム（ＰＴ）の２０１６年9月29日第1回会議においても、同チームの小島敏郎座長は、「勝手に計画を変更したことは規律違反だ」と断定していた。

しかし、その前に確定しなければならないのは、「建物下にも盛り土をする」という都庁の方針はいつ決まったのか、だ。世間は、「建物下には盛り土をする」ということを当然の前提として考えているけど、都庁組織としてそれがいつ決まったかについてはまったく確定されていない。

計画の変更というなら、まず都庁として「建物の下にも盛り土をする」という計画があり、それが勝手に変更されて盛り土がなくなった、とならなければならない。ところが、自己検証報告書を見る限り、「建物の下にも盛り土をする」という都庁の意思決定が見当たらないのだ。

組織的方針決定の手続き欠如は役所組織特有の、そして役所組織に限らず巨大組織特有の意思決定の欠陥の特徴でもある。ここを改めなければならないのは言うまでもないけど、この盛り土問題に関する限り、もし都庁組織が「建物下にも盛り土をする」という意思決定を明確にしていなければ、組織メカニズム上、組織が方針を勝手に変更したという評価にはならない。

建物下に盛り土をしないと勝手に「変更した」というなら、最初に「建物下に盛り土をする」という組織決定が存在しなければならない。これが組織の意思決定を分析するイロハのイだ。

僕が明確に区別した有識者会議――「条例設置型」と「アドバイザー型」

この点、小池さんや小池さんの外部顧問チーム、そしてメディアは大きな誤解をしている。専門家会議の提言と都庁の方針を、何の疑いもなく同一視しているからだ。そして、専門家会議の提言を絶対視している。でも、それこそ都庁の意思決定を分析する上においては大問題だ。

Keywords
- 豊洲問題
- 組織の意思決定
- ゼロ・リスク

外部有識者からなる専門家会議の組織的な位置付けは非常に曖昧だ。これまで役所組織は、そこをクリアにせず曖昧にしたまま、有識者会議に最終決定権を与えているかのような組織運営をしていた。これは都庁だけじゃなく、霞が関の国の省庁も、そして多くの全国の自治体もそうだろう。大阪府庁や大阪市役所も「かつては」そうだった。

しかし、この点は地方自治法第１３８条の４第３項に関する住民監査請求の監査結果例や住民訴訟の裁判例の多くで、一定の線引きが行われた。一定の結論を導くような独立の意思決定をする有識者会議は、執行機関の附属機関として「条例で」設置されなければならない。逆に、条例で設置されたわけではない有識者会議は独立の意思決定は行えず、あくまでも参考意見を述べるところまでしかできない、と。これらはネットで検索すればいくらでも出てくる。

この点については、僕が大阪市長のときに市役所内で大激論をやった。ある決定を行うすべての有識者会議に「条例による設置」を求められたら、必要な有識者会議を機動的に設けることができなくなるからだ。でも議論の末、やはりその

Keywords

- 豊洲問題
- 組織の意思決定
- ゼロ・リスク

ような決定を行ってもらう有識者会議は「条例による設置」が必要だろう、ということになった。これは民主主義の観点からの結論だ。

行政組織は権力を行使し、時には住民に不利益を与えることがあり、また住民の皆さんから預かっている大切な税金を使う権限を有する。ゆえに、組織の存在も権力の行使のあり方もすべて法律や民主主義を根拠としなければならない。役所組織は自治体であれば、選挙で選ばれた首長や議会に統制される。そして、組織の根拠も権限の行使も、法律の根拠にもとづく。国であれば議院内閣制の下、国会議員たる首相や内閣、そして国会に統制され、組織は同じく法律に根拠を求める。これが民主的統制だ。

ここで「有識者会議」とは何なのかを考えると、たしかによくわからない。どのような権限があり、どのような責任を負うのか。コメンテーターとの違いは何で、どこまで責任を負うのか。予算について、議会に対しての責任は……有識者会議なるものを考えれば考えるほど、曖昧な存在だということがわかる。

だから、審議会のように一定の結論を出してもらい、行政がそれにある程度拘束されるものについては、しっかりと条例で設置する。そうすれば、議会が可決した条例を通じて民主的正当性が生まれる。

他方、議会との関係などで、設置条例が成立しないような有識者会議は、あくまでもアドバイザーの位置付けとして、参考意見を述べるところまでの存在となる。

このような考え方で松井一郎大阪府知事とも連携して、大阪府庁、大阪市役所のすべての有識者会議を整理し、条例設置が必要なものはすべて議会に設置条例案を出して、議会の議決を得て設置条例を制定した。真っ先にここまで徹底したのは大阪だ。現在、他の自治体がどうしているのかはわからない。

「エネルギー戦略会議潰しだ！」と騒ぐ古賀茂明さんに僕は振り回された

でも、ここで元通産官僚の古賀茂明さんが大騒ぎをした。彼には大阪府市の特

Keywords
- 豊洲問題
- 組織の意思決定
- ゼロ・リスク

別顧問に就任してもらい、「大阪府市エネルギー戦略会議」という外部有識者会議の運営に力を入れてもらった。この会議は「大阪のエネルギー戦略について一定の結論を出してもらう存在」と位置付けていたので、僕は担当部局に設置条例の制定の指示を出した。

条例制定は簡単にできるものじゃない。条例とは、国で言えば法律のようなものだ。行政的に条例案を精査し、議会との調整を行う。さらに、議会が開かれる日程も決まっている。このときは、数か月先にしか議会が開かれる予定がなかったので、古賀さんのエネルギー戦略会議は一旦休会として、設置条例の制定まで待ってもらう方針にした。だって、会議の根拠となる条例がなければ民主的統制に問題があるのだから。

ところが、古賀さんは大騒ぎだ。「エネルギー戦略会議潰しだ！」とね。

このときは本当に参った。この人はこういう振る舞いがあるから組織から弾き出されたんだろうな、と思った。

その後も古賀さんには振り回され続けた。古賀さんは、気に食わないことがあれば、自分の思い込みでメディアに発言する。しかも、そのほとんどが的外れだ。原発政策に関する僕の態度・振る舞いに対しても、さまざまな事情があったにもかかわらず、それを3流政治評論家のように勝手な推測・邪推でもってコメントを出してしまう。

僕は、原発再稼働反対で時の民主党政権と政治闘争を繰り広げながら、最後に福井の大飯《おおい》原発の再稼働容認に舵を切った。それで世間から猛バッシングを受けたのは、古賀さんたちがしっかりと仕事をしてくれなかったせいなのに、彼はそんなことにはまったく気が付いていないみたいだ。

僕は知事・市長のときには、古賀さんの名誉を守るために誰にも言わなかったけど、今は民間人なので、これから機会があればきちんと説明していきたい。

簡単にこのときの事情を説明しておくと、僕は当時の民主党・野田佳彦政権に原発再稼働に関して反対の意思を示して粘っていた。大阪というローカルな市役所の長が政権に異議を唱えるっていうのは、口で言うのは簡単だけど実際にやるのは大変なんだよ。野田政権も直ちに原発再稼働とは決定せず、そのうちに、原

Keywords

- 豊洲問題
- 組織の意思決定
- ゼロ・リスク

発が動かなくても国内の電力が足りるかどうかを政府できちんと検証する「電力需給検証小委員会」というものが設置されることになった。

行政は、一個人の思い込みでは動かせない。ましてや国のエネルギー政策となれば、なおさらだ。行政的なプロセスを踏みながら物事を動かしていかなければならない。当時の朝日新聞や毎日新聞、反原発の自称インテリたちは、「原発を止めろ!」しか言わない。口で言って止まるなら苦労はしないよ。

こういう人たちの共通点は、高邁な理想を言うだけでそれが実現すると信じているところ。「核兵器廃絶!!」「竹島返還!!」「格差是正!!」「規制緩和!!」。そんなことは誰でもわかっているし、口では言える。それを実行するのが大変なんだ。

実行するためのプロセスを構築して、一つひとつ乗り越えていく。この実行プロセスの構築の仕方については、教科書なんかない。役所の職員と協議しながら、政治家が自分の頭で考えるしかない。これこそが政治戦略・政治戦術だ。

原発がなくても電力は足りるということが政府の正式な機関(電力需給検証小委員会)で明らかになれば、原発再稼働の必要性はなくなる。その当時の最大の論点は、原発がなくても電気は足りるのか、足りないのか、だったからだ。

　ところが、大阪府市エネルギー戦略会議のメンバーでもあった飯田哲也氏が、この政府の電力需給検証小委員会の委員に就任したが大惨敗した。電力需給検証小委員会の議論は連日メディアを賑わせるほど注目されたけど、結局、飯田氏の主張は委員会で一蹴され、原発がなければ電力は足りないという結論になった。原発の再稼働が必要だと。

　こっちは、「ハアーーッ?」だったね。

　古賀さんも飯田さんも「原発が動かなくても電力は足りるから、ここで原発を再稼働させなくてもいい」と、ずっと僕に言い続けてきた。だから僕は、それを前提に原発再稼働阻止の実行プロセスを構築していたのに。古賀さんや飯田さんが「原発はなくても電力は足りる」と言っても、それだけで日本のエネルギー政策にはならない。彼らは自分たちが神のように絶対的に正しい、自分たちの言うことに日本政府は従えと思い込んでいる。この2人の考えをどのように日本政府の方針に持っていくか。こここそが政治家の腕の見せ所、政治戦略・政治戦術だ。

Keywords
- 豊洲問題
- 組織の意思決定
- ゼロ・リスク

僕は電力需給検証小委員会の設置に持ち込むよう、大阪から声を上げ続け、実際にそれが実現できた。あとは電力需給検証小委員会の委員になった飯田さんに頑張ってもらうだけだった。それなのに……。

電力需給検証小委員会で大惨敗した飯田さんと古賀さんを大阪市長室に呼んで事情を聞くと、「電力需給検証小委員会の事務局（役人）が悪い！」と悪口を言っていた。僕は、この人たちはダメだな、と見切りをつけた。

停電の危険性があるのに大阪には備えなし！ だから僕は原発再稼働反対の方針を変えた

そこから方針転換だ。もし電力が足りなくなり、首都圏のように計画停電がはじまったら、大阪市としてどんなリスクが考えられるのか——そのことを整理するように副市長以下に指示を出した。すると、とんでもない事態が次々に明らかになった。病院などの施設に予備電源が十分に備えられていないから、停電になったら患者の命にかかわる事態に陥るというのだ。今は違うけど、当時の大阪では電力不足を想定した対策など、ほとんど考えられていなかったんだ。

古賀さんや飯田さんは、そのような対策を一切考えていなかった。ただひたすら「原発反対」のみ。これが有識者という人たちの現実。原発に反対という一点で、そのことに関しては物凄い知識があるのかもしれないけれど、大阪市政全体のことを把握していない。そして、仮に計画停電になって病院で死者が出たとしても彼らは責任を負わない。これが有識者会議の実態だ。

だから、有識者会議に安易に絶対的な決定権を渡すことは非常に危険なんだ。

今、豊洲の土壌汚染対策の専門家会議が提言した対策を、世間は絶対視しているる。しかし、これは非常に危険だ。この専門家会議は建築のことは何も考えていないようだし、何より予算のことも一切考えていない。

さらに古賀さん、飯田さんの大阪府市エネルギー戦略会議の提言は、学者の論文集みたいになっていて、当初は役所的にまったく使い物にならなかった。その

Keywords
- 豊洲問題
- 組織の意思決定
- ゼロ・リスク

提言を受けて役所は行政的に何をしたらいいのかが、さっぱりわからない代物だったんだ。

だから僕が介入し、行政が使える行程表の形に修正するように指示を出した。そしてそれをもとに、大阪市や大阪府は予算を組んで具体的に新規事業として実行した。古賀さんたちには本当に苦労したよ。

有識者会議は自分たちの関心のあるところ、専門とする領域のことしか考えない。行政全般への目配りがない。原発再稼働に反対し、原発を止めるなら、それに対するリスクを考えなければならない。古賀さんたちは行政組織を動かしたことがないから、自分たちの持論を述べるばかり。本当は行政の各局と協議し、電力不足に陥った場合の備えの対策案を作らせ、それを実行させなければならない。そのためには電力不足対策本部などを立ち上げて、そこに動いてもらわなければならない。こういう組織マネジメントは、古賀さんたちの有識者会議ではできないんだよね。

もし古賀さんたちがそこまでのことができないんだったら、僕に助言してくれないと。電力不足に備えての対策は大阪ではできているか、と。そうしたら僕の権限と責任で対策を実行していたよ。

そういうことも一切なく、とにかく原発反対の一点張り。

電力需給検証小委員会で電力は足りなくなるという結果が出ても、それを批判するばかり。こっちは市長という責任ある立場なんだから、古賀さん、飯田さんの私人2人の意見で重要な政策決定をすることなどできない。そりゃ政府の電力需給検証小委員会の結果に市長の判断が縛られるのは当然だよ。しかし古賀さん、飯田さんは自分たちが絶対に正しいと信じ切っているから、自分たちの意見で大阪市政を動かすべきだという認識なんだよね。まさに独裁政治の匂い。

エリート意識が強く、自分たちが賢いと強く思っている人に限って、反権力の姿勢をとるよね。でも彼らの反権力は、政府の暴走を止めて国民の権利を守るという動機にもとづくものではなく、今の政治権力はバカだから自分たちの考えで政治を進めるべきだという動機にもとづく。彼らは選挙の洗礼を受けていないから、独裁・寡頭政治をやれと言っているに等しい。

Keywords
豊洲問題
組織の意思決定
ゼロ・リスク

飯田さんは当時、自然エネルギーで「時の人」だった。そこで調子に乗っちゃって、当時の嘉田由紀子滋賀県知事や小沢一郎さんと新党「日本未来の党」を立ち上げて、役職に就いた。エネルギーの専門家がいきなり政治なんてできるもんじゃないのに。そしてその後、政治闘争によって嘉田さんと一緒に党から放り出されてしまった。この日本未来の党が、小沢一郎さんの「生活の党」になった。

古賀さんは、政治的な動きをちょこまかやるけど、最後は責任を取らない。自分では何もやらない。組織も動かせない。とにかくインテリたちと議論して自分の持論を叫ぶだけ。自分の考えをどう実行するかについてはノウハウも能力もまったくなし。これが古賀さんの限界だろう。

ただ、古賀さんは政治が好きなんだろうね。政治を評論し、さらには政治を動かしたいと思っているんだろう、メディアや自分のSNSで政治を語っている。でも残念だけど、どれも頓珍漢。そのときも、反原発で同じ路線だと思っていた泉田裕彦前新潟県知事が、突如自民党から衆議院議員選挙に出馬するということで、古賀さんは動揺してしまい、泉田さんのことを「裏切者！」と罵った。だいたい古賀さんは、泉田さんとどんな関係なんだ？　単に原発の問題でちょっと気が合っただけでしょ。泉田さんからすれば、古賀さんなんてそんな大きな存在だとは感じていないんだろう。

相手に対して裏切者！と言えるのはすごいことだよ。よほどの信頼関係がなければ「裏切られた」とは言えない。古賀さんは、自分の考えに泉田さんは従うべきだと信じ込んでいる。泉田さんは原発の問題以外のところでいろいろなことを考えて、自民党からの出馬を決意したのだろう。泉田さんを批判するなら、政策の内容で批判すべきだ。何よりもそこまで政治を批判するなら、古賀さん自身が政治家になればいいのに、その覚悟はまったくない。

「改革はするが、戦争はしない」を基本理念とするフォーラム4なんてものを立ち上げて、政治家をこの政治運動に結集したがっているみたいだけど、古賀さん自身が責任を負わないのに、そんなところに本気で集う政治家なんていない。せいぜい、大前研一の平成維新の会程度のサロンにしかならないだろう。まだ全然政治家も集まっていないみたいだけど。こんな政治ごっこじゃなくて、一度本気

Keywords

❯豊洲問題

❯組織の意思決定

❯ゼロ・リスク

で政治をやってみろっていうの。まあ、このように自分では責任を取らない、取れない古賀さん自身が官僚の典型例とも言えるんだけどね。

古賀さんと飯田さんが電力需給検証小委員会で惨敗したせいで、そこから原発再稼働反対を叫び続けていた状況を軌道修正するのは大変だった。僕は、衆院議員の細野豪志さんと折衝しながら、修正のプロセスを構築していった。細野さんには、再稼働の基準は「暫定的なものだ」という言質《げんち》をとった上で、僕も「暫定的に」再稼働を容認した。

僕は、メディアを中心に日本全国から連日「橋下はブレた」と、凄まじいバッシングを受けた。でも、そんなの当たり前じゃないか。事情が変われば、当然方針も変わる。どんな事情変化があっても当初自分で考えていたことを曲げないというのであれば、それは市民、府民の不幸につながる。それは有権者不在の原理主義的政治だ。

「何がなんでも憲法9条を守れ！」「集団的自衛権は絶対に認めない！」という思考も同じだ。事情が変わったのに当初の考えを貫徹すれば、国民が不幸になる。

政府の正式な機関が「原発を停めれば電力が足りない」と明言し、大阪市内では電力不足に対する準備ができておらず、市民の命が危ないという行政の報告書が上がってくれば、それを無視するわけにはいかない。古賀さんは、「原発廃止は倫理だ！」と叫んでいたけど、個人の倫理で国民の命を奪うことほど傲慢なことはない。

僕は連日バッシングを受けながら、ただただ「電力が足りなくなったときに市民の命を奪うことになるかもしれない事態にビビりました」と答え続けた。

連日、ブレた、ブレたの大批判。古賀さんや飯田さんまで、橋下はブレたと批判した。古賀さんや飯田さんは、それ以後いろんなメディアで偉そうに僕のことをダメな政治家だと評論していた。僕は「てめえ達がしっかり仕事をしないから、こうなったんやろが‼」と言いたかったけど、そのときは公人だったから、文句はぐっと腹に収めた。民間人となった今、爆発しちゃったけどね。

僕は大阪府市エネルギー戦略会議を重視していたからこそ、この会議の決定に大阪府、大阪市を従わせようと条例設置を目指した。よくよく考えたら、数名の有識者会議の決定に大阪府や大阪市が従うってすごいことだ。だからこそ、条例ができるまでは少し休会してくださいね、ということだったんだけど、古賀さんは「エネルギー戦略会議を潰された!!」と被害妄想に陥ったんだろうね。

Keywords
豊洲問題
組織の意思決定
ゼロ・リスク

豊洲の専門家会議は、参考意見を述べるだけのアドバイザー型だ!

豊洲問題に議論を戻すと、まず世間が大前提としている専門家会議の提言は、都庁という役所の中でどういう位置付けなのかを明確にしなければならない。

本来、土壌汚染対策を考えるのは、都庁の技術系の職員だ。彼らは技術のプロだ。ところが豊洲の土壌は、食の安全・安心にかかわる中央卸売市場が建つ場所だし、この土壌汚染問題は都民が非常に関心を持っているところでもあったから、当時の石原慎太郎知事が、外部有識者からなる専門家会議の設置を決めた。「都庁職員だけで考えるな」ということだ。

都庁の技術職員は当初、土壌汚染対策法という法令の範囲内での対策を考えていた。ところが専門家会議から、法令で求められている以上の、かなりの「上乗せ対策」の提言を受けた。

さて、ここで問題なのは、この専門家会議の位置付けだ。専門家会議の提言がそのまま都庁の方針になるというなら、条例できちんとそのように位置付けられていなければならない。もし、条例で位置付けがないのであれば、専門家会議の提言を受けてもそれがそのまま都庁の方針になるのではなく、提言を参考に都庁が責任を持ってしっかりと方針決定をしなければならない。その過程で専門家会議の提言の中身が修正されることも当然あり得る。専門家会議の設置が条例による根拠がなければ、方針の最終決定権と責任は都庁にあるからだ。

世間は専門家会議のような有識者会議を絶対視しているけど、現実は絶対的に正しいことを言う存在じゃない。東京都の専門家会議も土壌汚染対策についてはプロだろうけど、建築のプロでないことは明らかになっているし、予算の責任も

Keywords
- 豊洲問題
- 組織の意思決定
- ゼロ・リスク

負わない。予算に責任を負わなければ、そこでの主張・提言はカネのことをまったく考えない青天井の無責任な主張・提言になってしまう。東京都の専門家会議も予算の責任を負っていないので、現実的で合理的な対策というよりも、ゼロ・リスクを目指した感がある。

だから、有識者会議に独立の意思決定をさせる場合には、条例できっちりとルールを定めておかなければならない。条例で定めるとなると、有識者会議のメンバー構成から権限、責任の範囲までかなり精緻に議論が行われてルール化されることになる。

通常よくあるのは、予算措置を伴わない制度をつくる際に、専門家に結論を出してもらう「審議会」というケース。大阪市のヘイトスピーチ条例も、予算を伴うものではないから、有識者会議の皆さんに制度設計をしてもらった。もちろんそのときの有識者会議は条例設置の審議会であり、答申という結論を出してもらった。

一方、予算措置を伴う制度に関するものであれば、通常は有識者会議に参考意見をもらうまでとする。たとえば大阪市は近代美術館を建設することを決定し、その際に外部有識者からいろいろと意見をもらった。しかし、その意見に拘束されると予算の問題が出てくるので、最終決定は市長・市役所ということにした。

大阪市内最後の一等地と言われている「うめきた2期」開発についても、有識者にいろいろと意見をもらっているけど、これも莫大な予算が必要になるプロジェクトなので、有識者会議とは別の官民協同の意思決定機関である「うめきたまちづくり推進協議会」で最終決定することにしている。

僕は組織の意思決定の在り方に強いこだわりを持っていたので、組織マネジメントの要として、有識者会議での検討と、それを受けての役所の意思決定を相当精緻にルール化した。予算を伴う提言をもらう場合には、有識者会議に提言をもらったあとに、役所内の関係部署の幹部が集まる最高意思決定機関（戦略会議）において予算を含めて再度行政的に議論した上で、役所組織が責任を持って意思決定するというルールにした。

仮に、有識者会議に予算を伴う提言をもらい、その提言に行政を拘束する力（決

Keywords
- 豊洲問題
- 組織の意思決定
- ゼロ・リスク

定権）を与える場合には、条例によって相当精緻なルール化を図る必要が出てくる。有識者会議の提言によって莫大な予算が必要となり、役所がそれに無条件に従うとなれば、有識者会議に事実上の予算編成権を与えることになるからだ。豊洲の土壌汚染対策に関する専門家会議が、最たる例だ。

ゆえに、豊洲の専門家会議の提言に行政を拘束する力を持たせるなら、しっかりとした条例の根拠が必要となるが、どうもそのような条例はなさそうだ。そうなると、この豊洲の専門家会議の提言はあくまでも「参考意見」であり、都庁はその提言を受けてしっかりと行政的に議論した上で、都庁として最終意思決定をしなければならない。専門家会議の提言の中身を都庁が修正することも当然だ。最終的な決定権と責任は都庁にあるのだから。

そうするとこの豊洲問題については、都庁が勝手に専門家会議の提言を変更したという評価にはならなくなる。それは勝手にやったのではなく、都庁の権限と責任にもとづいて都庁が方針を決定したのであり、何の問題もないということになる。

問題は都庁の積み上げ型意思決定！僕が大阪で変えた決裁フローとは？

豊洲問題についての都庁の意思決定がどうだったかを都庁が自らまとめた「自己検証報告書」から検証してみると、いわゆる積み上げ型意思決定になっている。一部メディアは「段階的に決まった」と報じていた。小池さんの総括では、建物下にも盛り土を必要とする計画が、段階的に盛り土がないように「変更されていった」としていたけど、そもそも都庁として建物の下に盛り土を必要とする計画がなかった。あるのは、有識者会議である専門家会議の提言だけだ。そもそもの計画がなければ、計画の「変更」ということも存在しなくなる。

そして、この専門家会議は条例で設置されたわけではないから、専門家会議の提言をそのまま都庁の方針と見るわけにはいかない。専門家会議の提言はあくまでも「参考意見」に過ぎない。

Keywords
- 豊洲問題
- 組織の意思決定
- ゼロ・リスク

そうなると、都庁内で段階的に、徐々に土壌汚染対策の方針が決まっていったというのが事実だろう。専門家会議や技術会議の提言、そして都庁内での議論や建設会社の意見を積み重ねるうちに、最後に決まったのが建物下の地下空間、つまり「盛り土なし」である。このような経緯にあっては、技術担当の職員には計画を「勝手に変更した」という意識はないはずだ。

報道によれば、日建設計が都庁とのやり取りで盛り土なしの地下空間の設計図を作ったらしい。あれだけの巨大な構造物を建設するなら、建築技術としては土壌に地下の建造物基礎を作るのが合理的だったのだろう。

もし専門家会議が、後の市場建物のことをしっかりと頭に入れて、市場建物の下にも絶対的に4・5メートルの盛り土が必要だというなら、2・5メートル程度の地下空間を考慮して敷地全体の盛り土は少なくとも7メートル以上、という提言にしなければならない。敷地全体は7メートル以上の盛り土にした上で、建物部については2・5メートルの地下空間を作る。そうすると、建物下も4・5メートル以上の盛り土が存在することになる。

つまり専門家会議は、建物建築に必要な地下空間のことをまったく考慮していなかったということだ。さらに、万が一、汚染物質が建物下から発生した場合に、その対策を講じるための地下空間が必要だということも考慮に入れていなかった。

専門家会議の提言を受けて都庁側が議論を進めていくうちに、これらが問題点として浮かび上がり、その都度議論をしながら、徐々に地下空間の方針が固まっていったというのが実際のところだろう。

もちろん、専門家会議の提言をまとめた土壌汚染対策の所管である土木部門と市場建物の所管である建築部門とで情報共有ができていなかったこと、そして両部門を統括する決裁権者が、この地下空間問題を把握しないまま決裁していたことは問題だ。そのせいで、おそらく土木部門か事務部門が作成したであろう、建物下にも盛り土があるような（地下空間がない）図が東京都のホームページに掲載され、議会や関係者に対しても建物下にも盛り土がされている（地下空間がない）ような説明をすることになったのだと思う。

このように組織内で段階的に徐々に方針が決まっていき、最後に形式的な決裁

Keywords

- 豊洲問題
- 組織の意思決定
- ゼロ・リスク

権者が決裁する、というのは巨大組織でありがちな意思決定の方法だ。歴代の市場長は1人を除いて地下空間の存在を知らなかったというが、これこそ決裁が形骸化している証拠だ。

盲目的に決裁をしていた決裁権者が処分を受けることはあるだろう。しかし、この場合には、「都庁の方針を勝手に変えた」という理由ではないので、現場の職員は処分に値しない。あくまでも決裁権者がいい加減な決裁をしたことにもとづく処分だ。さらに、法律上、退職した職員を懲戒処分にすることはできない。小池さんは退職者も処分の対象にすると明言したが、そうなると事実上の処分をするしかない。これは業務上の故意重過失認定を行った上での退職者に対する損害賠償請求くらいしか考えられないが、地下空間（盛り土がないこと）に合理性があるという専門家の意見がある状況で故意重過失認定はできないだろう。ここは小池さんの勇み足だった。

これだけの大規模工事の発注においては、都庁の決裁フローを通っているだろうから、何十人もの担当者がハンコを押している。今はハンコではなく、電子承認だろうけど。特定の者が組織の方針を変えたということではなく、上に上がるほど中身を確認しない、盲目的ないい加減なハンコの押し方だったというのが問題の本質だ。

しかし、巨大組織には特有の事情がある。あまりにも仕事の範囲が広すぎて、決裁権者がすべての事情を把握するのは不可能だということだ。僕は大阪府知事時代、そして大阪市長時代も、役所内の決裁フローを何度も改めた。形式的な決裁権者をできる限り削り、決裁権者数を少なくする。そして役職に応じて「決裁する範囲」「チェックするポイント」を予めある程度決めておくというものだ。

盛り土騒動後、会議録に資料を追加！これでは改ざんを疑われても仕方ない

豊洲問題は次から次へといろいろな問題が生じるが、やはり安全性の問題とそ

Keywords
- 豊洲問題
- 組織の意思決定
- ゼロ・リスク

の他を分けて考えなければならない。そして、安全性の問題の中心となっている土壌汚染対策は、土壌汚染対策法という法律が原則であることも頭に入れておかなければ、バカ騒ぎは収まらない。

「盛り土なし」「地下空間」騒ぎの次は、「豊洲の道路下には汚染物質が残っている！」と大騒ぎになった。「環境基準値オーバーの物質が出た！」に続く第2弾だ。

都庁は、道路については市場用地とは異なるという扱いをし、道路下に汚染物質が残っていても問題ないとした。これには事情があったようだ。高架道路の橋桁部分や、このあたりに埋められているガス管などによって、土壌の掘削ができない箇所があったらしい。さらに道路用地でもあるので、市場用地のような過大な対策ではなく、土壌汚染対策法という法令上の対策までをしっかりと行ったということだ。ただ、これがきちんと説明されていなかったということが問題視されている。

しかし、豊洲に限らず東京都内の道路下の土壌について、市場用地と同じような汚染対策をやっているところはないだろうし、そのようなことを住民に説明しているところはないだろう。

この道路は市場棟間の連絡通路が設けられているので、市場用地と同じレベルの対策をすべきだとか、専門家会議や技術会議に議論してもらうべきだという批判もある。そのような意見にも一理あるけど、専門家会議や技術会議があくまでも参考意見を述べるアドバイザー機関だということであれば、道路用地の土壌汚染対策くらい都庁で責任を持って決定すればいいと思う。法律にもとづいて土壌汚染対策をすることこそが都庁の仕事なのだから。

いずれにせよ、対策は手段だ。土壌汚染対策の目標は、汚染された土や地下水に人が触れないようにすることであり、具体的には市場建物内において安全の目安である数値をクリアすることだ。対策を青天井に過大にすることが目的ではない。むしろ、汚染物質を完全除去することなく（完全無害化することなく）、汚染物質を残したまま上から覆土するのが、土壌汚染対策法の対策の原則であることを認識すべきだ。都が市場用地でやったような対策は、土壌汚染対策法という法令の範囲を超えた過剰対策なのだ。「市場用地で地下空間がある！（盛り土が

Keywords
- 豊洲問題
- 組織の意思決定
- ゼロ・リスク

ない！）」「地下水から環境基準を上回る物質が出た」と大騒ぎになったけど、土壌汚染対策法上の対策はきっちりととられ、市場建物内において安全の目安である数値もクリアしている。

もしこの対策で不十分だということであれば、そもそも土壌汚染対策法が欠陥の法律ということになる。しかしこの法律も、専門家が長い間議論して案を作り、国会で十分審議されて作られたもので、そう簡単に欠陥だとは言えないはずだ。日本は法治国家である。安全対策も、基本は法令にもとづく対策で必要にして十分である。にもかかわらず、有識者会議である専門家会議や都庁・都議会が世間の批判を恐れ、法令にもとづく対策を超えて、完全無害化を目指す過剰対策を目標としたことが豊洲混乱の根本原因だ。

ちなみに、第9回技術会議の会議録に資料を事後的に追加し、会議録が改ざんされたのではないかという報道もあった。盛り土問題が発覚してから、技術会議の提言として地下空間の必要性が唱えられたような資料が会議録に追加された、というのだ。

まず、このような騒ぎが起きている最中に、会議録に資料を追加したというのは、都庁職員のコンプライアンス意識が低すぎる。改ざんしたと指摘されることを想像していなかったのか。不都合なことを隠す、誤魔化す官僚の習性なのか。

もちろん第8回技術会議において、地下空間の必要性についての説明があった。都庁としては地下空間を作ったのは（盛り土なしにしたのは）、技術会議の提言にもとづいたという形になんとかしたかったのであろう。ゆえに、第9回の会議録に、技術会議から地下空間の必要性について提言があったという資料を追加したのだろうが、やはりそれはやり過ぎだ。

さらに僕は、第8回技術会議において地下空間の必要性が説明されていたことを重視したが、その後の議論を踏まえた技術会議の最終報告書では、地下空間は市場建物建設のためのものではなく「観測井戸」のためのものになっていた。技術会議のメンバーである長谷川猛さんとテレビ朝日系「橋下×羽鳥の番組」でこの点について議論したが、長谷川さんは建物下の地下空間の必要性について議論があった記憶はないという。

Keywords
- 豊洲問題
- 組織の意思決定
- ゼロ・リスク

この第8回の技術会議において地下空間の必要性がどのように説明されたかが、地下空間騒ぎ、盛り土なし騒ぎが収束する核心的ポイントになるだろう。

さらに、市場建物建設費についても、建設会社から予定価格の引き上げ要請があり、都庁がそれに応じたという報道があった。当時は東日本大震災直後であり、工事の人材も資材も足りない状況で、大阪では入札不調（どの業者も仕事を引き受けてくれない）が続出していた。そういうときに、建設業者を集めるために予定価格を引き上げることはある。役所が市場調査をして業者の言い分を確認することもあるだろう。ただし、最後は複数建設業者による競争入札で落札者を決める。

ところが今回の豊洲市場建物の入札は、最初の入札でどのゼネコングループも入札に応じず、その後都庁による業者ヒアリングを経て予定価格がかなりの額上がって、最後は1業者だけが手を挙げる1社入札となった。3棟の建物を、3つのゼネコングループがきれいに分かれて、1つの建物に対して1つのグループだけが手を挙げる1社入札でそれぞれきれいに落札した。あまりにもでき過ぎた話だ。この話が、都庁や業者の協議によって行われていたなら「談合」と言われても仕方がない。

それにしても歴代都知事の石原慎太郎さん、猪瀬直樹さん、舛添要一さんは、当時このような問題に気付かなかったのだろうか。

この講のポイント

専門家会議などの有識者会議の提言は、絶対的なものではない。本来は参考意見レベルのもの。有識者会議は特定テーマについての見解を表明するものであり、それを組織の方針とするなら、組織内の関係部署との調整や、特に予算の調整が必要になる。ゆえに、有識者会議の提言を組織内の意思決定機関でしっかりと議論した上で、組織の方針として確定するプロセスが必要。有識者会議の提言が、そのまま組織の方針として位置付けられるわけではない。

第五講

核心的問題点と周辺的問題点の整理

僕が森友学園問題の黒幕？ 直接要望を受けたこともない、お金も受け取っていない

最終的には理事長の籠池夫妻が逮捕されたが、2017年は森友学園問題が国会でもメディアでも大いに騒がれた。これは、私立小学校の用地取得に関して不正が行われたとされる問題。大阪維新の会の議員と、森友学園のトップである籠池泰典さんが接触していたという報道も出た。

森友学園の幼稚園の教育内容についても批判が生じてた。安倍首相の奥さんの昭恵さんが来園したときに、児童が「安倍総理、日本を守ってくれてありがとうございます。安倍総理、頑張ってください！」と声を揃えて唱えていた。これが、教育の政治的中立性を害するのではないか、と国会でも問題となったのだ。

私立の幼稚園に対する監督権限と責任を有するのは都道府県知事だ。もし園児の安倍総理応援宣言にとどまらず、この幼稚園の教育内容全般に問題があったな

Keywords
築地と豊洲
安心と安全
ダブルスタンダード

ら、元大阪府知事だった僕にも何らかの責任がある。追及を受けた安倍首相は「責任ある大阪府の判断だ」と答弁した。これはある意味「橋下の責任だ」ということだね（笑）。

それもあって、一連の森友学園の黒幕の一人には橋下がいるに違いない、と世間は思っているようだ。結論から言うと、僕は森友学園から直接要望を受けたこともないし、森友学園の関係者と直接話したこともない。もちろん森友学園からこの件でお金を受け取ったこともない。

ただ、森友学園の籠池さんは熱烈な安倍首相の応援団であると同時に、僕に対しても熱烈な応援をしてくれていた時期があるということは認識している。森友学園の塚本幼稚園からは幼稚園会報が僕のところに送られてきたこともあるし、応援メッセージをもらった記憶もある。

僕が一方的に「自分は黒幕ではありません」と言ったところで、世間からは信用されないだろう。当事者本人だからね。

ただ、本当に僕が黒幕なら、今後の事実解明の中でいろいろな事実が出てくるだろうし、何よりも捜査機関が動くはずだ。だから、僕自身の釈明はこれくらいに留めておく。

森友学園問題と豊洲問題から学ぶ「核心的問題点」と「周辺的問題点」の峻別

そんなことよりも、この森友学園の問題は、「問題解決の授業」として大変価値のあるケーススタディーなんだ。

すなわち、「問題解決にあたっては《核心的問題点》を見つけ出すことが解決を導くすべてである」という黄金則を如実に物語っている典型的事例。複雑な問題になると、目に付きやすい、そしてわかりやすい問題点ばかりを取り上げがちになる。この森友学園における国会論議もそうだ。

頭の悪い参議院議員の山本太郎なんかが、安倍晋三首相夫人の昭恵さんの愛称

Keywords

- 築地と豊洲
- 安心と安全
- ダブルスタンダード

から「アッキード事件」なんてやっていたけど、そこから入ってもこの問題は何の解明もできない。もちろん「昭恵さんが森友学園に来園して講演し、この幼稚園の教育内容を高評価し、そして園児がご主人を応援してくれている姿を見て涙を流した。だから安倍首相と森友学園はつながっているだろう」という突っ込みはわかりやすいし、指摘しやすい。

でもこれって、幼稚園児的脳みその山本太郎ならではの発想だね。なんで山本太郎をここまでクソみそに言うかというと、こいつも僕の政治家時代に偉そうに僕をバカ扱いしてきたからだ。僕はあくまでもやられたらやり返すのみ。こちらからは先制して人格攻撃はしません。

その他の国会論戦を聞いていても、国会議員ってダメだな、と思う。皆わかりやすい、目に付きやすいところから入っていくけど、それらはすべて《周辺的問題点》だ。いくら周辺的問題点を取り上げて議論したって、問題の全体解明・解決には至らない。小さな問題点で騒ぐだけ騒いで、ハイ終わりとなるだけ。

複雑な問題を全体解決するためには、解決を導く《核心的問題点》は何かを見極めることが肝要だ。わかりやすい、目に付きやすい問題点は、往々にして全体解決に導かない周辺的問題点であることが多い。逆に、全体解決を導く核心的問題点は、全体解決というゴールから逆算して論理的に考えなければ把握できない。

毛沢東も、『矛盾論』で主要矛盾と従属矛盾という概念を説いていたっけ。小難しく論じているけど、その概念自体はどうってことない話。重要なのは、何が主要矛盾で何が従属矛盾なのかの把握。でも、それが一番難しい。核心的問題点と周辺的問題点というのもそれと同じだ。その概念自体よりも、何が核心的問題点かを把握する力がもっとも重要であり、もっとも難しい。

土壌汚染のある築地が「安全」なら、豊洲はなぜ安全じゃないのか？

森友学園の件と同じように、核心的問題点ではなく周辺的問題点で大騒ぎして

Keywords
築地と豊洲
安心と安全
ダブルスタンダード

いるのが、築地市場の豊洲移転問題だ。これまで豊洲にまつわるいろいろなことで大騒ぎしてきたけど、結局どれも大した問題じゃなかった。それらはすべて周辺的問題点だったんだ。そして、やっと最近、徐々に核心的問題点がクローズアップされてきた。

メディアはとにかくわかりやすい周辺的問題点ばかりを取り上げる。視聴率や販売部数を稼ぐには、わかりやすい、目に付きやすい周辺的問題点で大騒ぎすることが手っ取り早いからだ。でも、記者に核心的問題点を把握する真の問題解決能力があれば、ビシッとした質問を当事者に飛ばして、そのことによって硬い大きな岩盤のような核心的問題点がザザーッと崩れて、その中から解決への道がジャジャーンと現れてくる。

豊洲問題では、2017年3月3日の小池百合子都知事の定例記者会見がその最大のチャンスだった。その後、築地市場の危険性が取り上げられるようになったけど、これは早くから僕も指摘していたこと。豊洲に求める安全のレベルが妥当かどうかは、築地との比較でだいたいわかるものなんだ。

朝日新聞は3月1日付紙面でこう報じた。

《築地も土壌汚染の恐れ　市場の敷地　都、昨春に報告書

東京都は28日、築地市場（中央区）の「敷地全体に土壌汚染の恐れがある」とする報告を昨年3月にまとめていたことを公表した。条例に基づいて文献を調べる土地の利用履歴調査で分かった。かつて進駐軍のドライクリーニング工場などがあり、有害物質が使用されていた可能性を指摘している。

都道環状2号線の建設にあわせて、都建設局が市場の敷地を含む予定地の利用履歴を調べた。2千平方メートル以上の土地利用を変更する場合、都条例で義務づけているという。

その結果、市場の敷地には有機溶剤を用いたと考えられるドライクリーニング工場のほか、給油所などがあったことがわかった。このため、「土壌汚染の可能性が考えられる」とし、担当の都環境局も「敷地全体に汚染の恐れがある」と判断していた。有害物質の有無を実際に調べてはいないが、現状について都は「地面はコンクリートなどで覆われており、地下水の利用もないので健康に影響はな

い」としている。

都は同日、2001年以降、同市場で8件の店舗耐震補強工事などを行っていたにもかかわらず、利用履歴調査をしていなかったことを発表した。ほかの都の市場でも、必要な調査なしで工事したケースが数十件見込まれている。》

これに対して小池さんは、次のように答えた。

「（築地の土壌は）コンクリートやアスファルトで覆われており、土壌汚染対策法などの法令上の問題もない。（中略）人の健康に影響を与えることはないと考えている」（朝日新聞）。

そしてそこに「（築地の問題は）豊洲市場の問題と同じ観点で見るべきではない」とも付け加えた。

この点、朝日新聞も徐々に冷静な報道をするようになった。豊洲に求められている安全の中身についてきちんと報じている。

Keywords
築地と豊洲
安心と安全
ダブルスタンダード

たとえば「環境基準」の意味などについて。環境基準とは、その土に触れて70年住む人（土壌基準）、その建物内に70年住む人（大気基準）、その水を70年毎日2リットル飲む人（水質基準）を想定して、そのような人10万人のうち、がんが1人発生するような境目。

豊洲の地下水で話題になったベンゼンの「環境基準79倍」とは、10万人のうち79人ががんになるというもの。でもそれは、「その水を毎日2リットル、70年間飲み続けた場合」だ。

このように、環境基準の中身を知れば、土壌汚染対策法が土壌汚染対策の原則として「汚染土の上をきれいな土で覆土する、ないしはコンクリートやアスファルトで覆土する」としていることが理解できる。汚染土に人間が直接触れないようにすれば、そもそも土の環境基準は問題にならない。土に70年間直接触れても大丈夫な基準が土の環境基準なんだから、土に直接触れないようにすれば土の環境基準は関係なくなる。だから土の環境基準は周辺的問題点だ。

さらに、地下水の環境基準も、地下水を飲んだり、使ったりする場合に必要と

Keywords

- 築地と豊洲
- 安心と安全
- ダブルスタンダード

なる基準。地下水を飲んだり、使ったりしなければ、そもそも地下水の環境基準は関係ない。これも周辺的問題点。

こう考えると、市場においての重要な環境基準は「市場建物内の大気基準」であることがわかる。そりゃそうだ。実際に市場活動が行われる場所の環境基準こそがもっとも重要なのは当たり前。つまり、ここが核心的問題点になる。この核心的問題点を見抜く力こそが問題解決能力だ。

豊洲について総括すれば、土壌汚染があってもその汚染土の上をきれいな土で覆土すれば、もしくはコンクリートやアスファルトで覆土すれば何の問題もない。地下水は飲むわけではないので環境基準をオーバーしても問題はない、ということだ。これは小池さんが豊洲の安全性への疑問を指摘して豊洲移転を延期してから、僕がずっと言い続けてきたことなんだよね。

築地の土壌はコンクリートやアスファルトで覆われており、土壌汚染対策法上何ら問題はないというロジックで小池さんは「築地は問題ない。安全だ」と言い放った。わざわざ「築地の問題は豊洲市場の問題と同じ観点で見るべきではない」

と付け加えて。

そんなことを言われたら、普通は「なんでーーーーっ!?」となる。ここで、都庁記者クラブは小池さんに超剛速球をぶつけるべきだったんだ。

都庁記者クラブは、小池さんに何を質問しなければならなかったか？

「土壌汚染があってもその土の上をきれいな土で覆土するか、もしくはコンクリートやアスファルトで覆土すれば問題はない。地下水は飲むわけではないので環境基準をオーバーしても問題はない」というロジックで築地が安全だと言うなら、豊洲ももちろん安全だ。

むしろ、豊洲のほうが築地よりもはるかに安全。汚染の可能性のあるなしにかかわらず、とにかく工場操業面から下2メートル分の土を入れ替え、その上に2・

Keywords
- 築地と豊洲
- 安心と安全
- ダブルスタンダード

5メートルのきれいな土で覆土する。並行して建物の厚いコンクリート床で覆土する。散々騒がれていた豊洲の地下空間も、空間である以上は汚染土がまったくなくて、かえって安全だ。

地下水については、小池さんが「築地の地下水は飲まないし利用しないから健康に影響はない」と言ったのと同じく、豊洲の地下水も飲まないし利用しない。

他方、築地の建物は耐震性が不足していることが判明した。豊洲は2016年の一時期、テレビでインチキ建築家らが「豊洲の建物は危ない！」と大騒ぎしていたけど、その後に豊洲の建物は建築基準法に適合しているとの検査済証が交付され、都議会で小池さんも豊洲の建物の安全を宣言した。築地建物の耐震性欠如を軽視する小池さんの姿勢は、都知事として大問題だ。

一言付け加えると、市場においてもっとも重要な環境基準である大気基準については、周辺が道路に囲われ、排ガスにさらされている開放型の築地市場のほうが、豊洲よりも数値は悪い。もちろん両者ともに環境基準は満たしているけど。

こんな事情から、豊洲土壌の安全性の基準を決定するとされた専門家会議の平田健正座長は、「豊洲は科学的には安全である」と言いはじめた。これは朝日新聞のベタ記事になっていた。

メディアは散々豊洲が安全ではないような報じ方をしてきたのだから、専門家会議の座長が科学的に安全だと言いはじめていることについて、それまでの安全性に懸念を抱かせる報道量を上回る量で報じなければならなかったと思う。メディアがそうしなかったのは、今さら「実は安全だった」なんて報道すれば、自身の調査能力、分析能力の欠如を露呈するようで恥ずかしいからだろう。それでも国民のために、豊洲は科学的に安全であることをしっかりと伝えるのがメディアの責任だ。

都庁記者クラブの記者たちは、小池さんに対して「コンクリートで土壌が覆われて地下水を利用しないのは豊洲も同じ。築地がその理由で安全だということは豊洲も安全なんですよね」と確認しなければならなかった。この、たった一言の確認で豊洲問題の流れが大きく変わったのに。

さらにダメ押しで、「土壌汚染の安全性を検討する専門家会議を小池都政は絶

Keywords

- 築地と豊洲
- 安心と安全
- ダブルスタンダード

対視していますが、その専門家会議の平田座長が豊洲は科学的には安全だと言っています。当然小池さんは平田座長の見解を採用しますよね」と質問すべきだった。もし都庁記者クラブがこのような質問をぶつければ、豊洲の安全性は完全に確定した。

ところが、都庁記者クラブは力不足だった。ある記者は、石原さんの発言を引用して「石原さんは、小池さんは安全と安心を混同していると言っていますが、どうですか」と言ったのだから驚きだ。これこそ、問題解決にクソの役にも立たない知識・情報のひけらかし。俺は石原がこんな発言をしていることを知っているんだぞ、という自慢だけ。

たしかに小池さんは「安全」と「安心」をごっちゃにしている。でもそれについて、感想を問うても、小池さんはいろいろと言い訳をするだけだ。小池さんは「安全は科学的な話で、安心は都民の納得・理解の話だ」というところまで答えたけど、その後ふにゃふにゃと「両方必要だ」と言って結論を濁した。

小池さんの歯切れが悪かったのは、築地と豊洲の安全性について、ロジックとしてきちんと整理できていなかったからだ。だからこそ、記者にとって突っ込みどころ満載の最大のチャンスでもあった。

築地と豊洲で基準を使い分ける、小池さんのダブルスタンダード

小池さんは完全にダブルスタンダード。今、現に動いている築地が「安全ではない」とは宣言できない。だから「築地は安全だ」と言わざるを得なかった。でも、ここまで豊洲問題の不安を煽ってきたから、今さら「豊洲も安全だ」とも言いにくい。それで「築地は安全だが、豊洲は違う」というスタンスを取った。この矛盾を明らかにするのが、都庁記者クラブの役割だったと思う。

築地が安全なら豊洲も安全。もし、豊洲は地下水が環境基準に適合していないから問題だというなら、築地も地下水を検証しなければならない。築地だけ地下

水は飲まないから大丈夫だと強弁するのはアウトだ。
安全基準は3つある。

1　法律上の基準（土壌汚染対策法）
2　条例上の基準（東京都の環境確保条例）
3　専門家会議の基準（豊洲新市場整備方針）

1から3へ、安全・安心を求めるレベルが高くなり、基準としてはハードルが上がっていく。

法律上の基準は、国民の安全。条例の基準は都民の安全。そして専門家会議の基準は、科学的な安全を超えた、ある意味都民の主観的な安心。豊洲は法律上の安全と条例上の安全は満たしているけど、専門家会議の基準を満たしているかどうかが疑わしくなった。

築地は土壌については法律上の安全を満たしているが、条例上の安全を欠如し

Keywords
築地と豊洲
安心と安全
ダブルスタンダード

ていることが判明した。豊洲に求められている専門家会議の基準を満たしているかどうかは検証すらしていない。それなのに、小池さんは「築地については法律上の安全を満たしているから大丈夫！」と宣言した。おいおい、それなら豊洲も同じだよ。

それどころか、築地は土壌については法律上の基準を満たしているけど、建物については耐震基準を満たしていない。耐震基準は法律上の基準なので、築地は全体として法律上の基準すら満たしていないことになる。だから都庁記者クラブは「築地は耐震基準という法律上の基準を満たしていない。それなのになぜ安全と言えるのか」と突っ込まなければいけなかった。

「豊洲の建物は2016年末、建築基準法上の検査済証が交付され、知事も都議会代表質問の答弁で豊洲建物が安全であることを宣言した。他方、築地は耐震基準を満たしていない。にもかかわらず、築地は安全で豊洲市場の問題と同じ観点で見るべきではない、とはどういう意味なのか。豊洲のほうがよっぽど安全だというブラックジョークですか」と畳みかけるべきだった。

Keywords
- 築地と豊洲
- 安心と安全
- ダブルスタンダード

築地に土壌汚染の可能性があり調査しなければならないという報告書は、2016年の春にまとまっていたらしい。2016年夏に小池さんが知事に当選して、直後から小池さん直轄のチーム（市場問題プロジェクトチーム）でこの豊洲問題の検討をしていた。豊洲の安全性に疑問があるとして、小池さんは豊洲移転の延期を決め、地下空間の問題や地下水の環境基準不適合の問題をこれでもか、これでもかと問題視し続けた。このときに、築地の土壌汚染可能性を指摘したこの報告書の存在を知っていたのか。

豊洲への移転を延期するにはそれなりの理由が必要だが、小池さんが移転延期を判断したときにはまだ地下空間問題や地下水問題は判明していなかった。情報公開が乏しい、建物の価格が異常に高い、そして地下水モニタリングの結果がまだ出ていないという理由だけで移転延期を判断した。このような状況のときに、築地も土壌汚染の可能性があるとなれば早期移転の必要性が高まり、移転延期は難しかっただろう。だから、この報告書のことは知らないふりをしたのか。

8月末に移転延期を判断したときには、報告書の存在を本当に知らなかったにせよ、その後豊洲問題がここまで全国的に注目され、徹底的な議論・検証の対象になったのであれば、築地の土壌汚染の可能性を指摘したこの報告書の存在にも誰かが気付くはずだし、誰かから指摘があるはずだ。にもかかわらず、議論・検証の対象にまったくならなかったというのか。それは意図的に隠していたのではないのか。そうであれば情報公開の観点から大問題だ。

さらに小池都政は、重大な事実隠しをやろうとしていると疑わざるを得ない。というのは、この築地の土壌汚染の東京都の調査がインチキなんだ。東京都は環境確保条例にもとづいて、地表から50センチの土壌汚染調査をした。

ふざけるな!!　豊洲となんでこんなに条件が違うのか。豊洲は過剰な調査と過剰な対策をしたことで、豊洲移転が大混迷を来した。豊洲では、専門家会議・技術会議という有識者会議によって策定された豊洲新市場整備方針というものをもとに、都民の安心を満たすために、とんでもなくハードルの高い基準を設定したからだ。その典型が地下水の環境基準だ。豊洲土壌の大々的なボーリング調査によって、土壌のほんの少しの汚染物質も判明し、それを除去しようとなった。

Keywords
- 築地と豊洲
- 安心と安全
- ダブルスタンダード

ところが築地ではそれをやらないという。あくまでも条例にもとづく調査まで。条例に基づく基準なら、豊洲も完全にクリアしている。

都庁記者クラブよ！　突っ込みどころ満載だろ!!

「築地が条例の調査・基準でいいというなら、なぜ豊洲は条例の調査・基準だけではダメなのか。豊洲は条例基準を満たしているが、専門家会議がそれ以上のことを求めて大混乱を来している。豊洲に地下水の環境基準や大規模なボーリング調査を求めたのに、なぜ築地にはそれを求めないのか」って突っ込めよ。

「安心」なんて求めれば青天井！このことで大騒ぎした小池さんの罪は重い！

小池都政は、築地の大規模な調査をやりたくなかったのだろう。特に地下水調査はやりたくなかったはずだ。そりゃ、築地の地下水が飲めるほどきれいなことを保証する環境基準を満たしているとは誰も思っちゃいない。だから小池さんは、地表から50センチの土壌調査という条例の調査だけで逃げようとした。

それとも小池さんはこのようなロジックを把握せずに、役人に言われるままだったのか。小池さんをサポートしている都政改革本部はどうなっているんだろう。彼らは、先に豊洲移転中止の結論ありきで、築地の危険性は隠していたのか。

豊洲新市場をめぐる大騒ぎの原因は、科学的な「安全」を超えた上乗せ部分の「安心」を求め過ぎているところにある。安心なんて気持ちの問題で、それを求めれば青天井。飲まない、利用しない地下水をどこまできれいにすべきかについて、きちんとした基準などない。飲むから、利用するからこそ基準があり、それが環境基準だ。飲まない、利用しない地下水に環境基準を適用することがナンセンスで、その水が人に接触しないように講じることが、法律上の安全基準。これが土壌汚染対策法上の安全基準だ。

大阪の中央市場も地下水の検査なんてしていない。飲まないし、使わないからだ。ちなみに奈良の市場は地下水を利用しているらしい。だから何らかの検査はしているだろう。

科学的・論理的な安全性を超えて、安心をどこまで求めるのかは本当に主観的なものだ。豊洲は科学的には「安全」なのに、小池さんは主観的な「安心」部分で大騒ぎして、豊洲は安全でないような風評をまき散らした。この罪は重い。

2016年の8月31日に移転延期判断をするにあたっては、豊洲は危険だという雰囲気をつくらざるを得なかったのだろう。でも、本当は移転延期をするにしても、豊洲が科学的な安全性はしっかりと満たしていることを押さえた上で、さらなる上乗せである安心部分の確認のために移転を延期する、ということを明確にすべきだった。ところが、小池さんは豊洲には安全性がないような発信をしてしまった。これが「安全と安心の混同」の意味だ。

たしかに都庁の組織ガバナンスに問題があったこと、都民に間違った説明をしてきたことなどの問題点はあるが、それはあくまでも周辺的問題点。それはそれで反省して改めればすむ話で、豊洲の安全性とはまったく別問題の話だ。

今はあらゆる問題が豊洲の安全性の問題とごっちゃにされて、豊洲移転の是非を判断するための核心的問題点は何かがまったくわからなくなってしまっている。豊洲移転の是非を決める核心的問題点は、豊洲の安全性。そのカギを握るのは、豊洲市場建物内の大気基準と豊洲の建物の安全性。この両者は完全に満たしていることをまずは確認しなければならない。これが都庁記者クラブの役割だ。

これまで小池さんは、散々都庁のガバナンスを問題視してきた。技術的には問題ではない地下空間についても、十分な把握をせずに決裁した都庁幹部の責任を厳しく問うたし、石原慎太郎元知事の責任も厳しく問うた。それはそれで一つの姿勢だ。それだけ都庁に、そして元知事に厳しい責任を問うのは、都民にとって良いことだろう。

でも、それは小池さん自身にも跳ね返ってくる。築地の土壌汚染の可能性を指摘した報告書が、なぜ長く公にされなかったのか。この組織ガバナンスの欠如は、今度は小池さんの責任問題になる。

豊洲に厳格な基準を求めるなら、築地にも厳格な基準を求めなければならない。ところが小池さんは、築地には緩い基準を適用している。小池さんは、自分の前の知事、都庁には厳格な責任を求めた。では、自分自身にはどのような責任基準を適用するのか。まさか、築地に対してやったように自分自身には緩い基準を適用するということはないと願う。

こういうところに鋭く突っ込みを入れて、都民にしっかりと伝え、考えてもらい、都政を正していくのが都庁記者クラブの最大の使命なのに、全然なってなかったよな。

この講のポイント

複雑な問題を全体解決するためには、解決を導く《核心的問題点》は何かを見極めることが肝要だ。核心的問題点は、全体解決から逆算して論理的に考えなければ把握できない。わかりやすい、目に付きやすい問題点は、往々にして全体解決に導かない周辺的問題点であることが多い。またメディアは周辺的問題点ばかりを取り上げるから、それに惑わされないよう注意が必要だ。

Keywords

- 築地と豊洲
- 安心と安全
- ダブルスタンダード

第六講

「現状への不満」をすくい上げよう

特に地方議会選挙では「緻密な政策吟味」なんてできない！

僕は選挙の予想能力はないけど、有権者から支持を得るための政治活動については一家言ある。組織もカネもない中で、選挙を通じて一から政党を作ってきた経験があるからね。

そんな経験から言えるのは、有権者から支持を得るプロセスで重要なポイントは、自分が「積極的に」支持を得るというより、相手や現状に対して有権者が不満を募らせ、その「反射として」自分に支持が来るということ。

2017年7月の都議会議員選挙では「築地市場の移転問題だけが争点ではない」とか、「政策論争が見えない」とか、自称インテリが相変わらずもっともらしい「いちゃもん」を付けていたけど、特に地方議会の選挙なんて、政策をじっくりと吟味するレベルのものじゃない。だいたい地方議員の選挙においては政策

Keywords

- ワンイシュー選挙
- 東京都議会
- 緻密な政策論争

を訴えるビラの配布すら禁止されていた。

都道府県議会議員、市町村議会議員の選挙においては改正公職選挙法の成立により、やっと2019年次回統一地方選挙より選挙運動用のビラの配布が許されることになったくらいだ。

メディアや自称インテリは、選挙のたびに「政策をしっかり吟味しろ！」と偉そうにのたまうけど、地方議会における政党の主張なんて、「医療・福祉・教育を充実します！」と似たり寄ったり。今回の東京都議会議員選挙においても各政党の公約は大差なかった。

ところが大阪においては、僕は、他の政党では絶対にのめない「大阪都構想」というものを掲げて選挙を戦った。これこそが純粋な政策選択選挙。それでもそのときは「ワンイシュー選挙（論点をひとつだけに絞った選挙）はダメだ」なんて自称インテリから批判を受けたね。

普通の有権者は、選挙についてもっともらしく語ることで飯を食ってる「自称インテリ」とは違う。普通の有権者は、日々の生活のための仕事がある。各政党の政策の細かなニュアンスまで把握することなど不可能だ。

しかも各政党が掲げる政策のうち、賛成できるものもあれば賛成できないものもある。政党間をまたがって、この政策は自民党がいいけど、この政策は民進党だよね、ということもよくある。これだけ複雑化した現代社会において、ある政党が掲げている政策に100％賛成だ、なんてことはその政党の熱狂的信者じゃない限りあり得ない。各政党の政策を一つひとつ細かく吟味したところで、どの政党に投票すべきかなんて論理的な結論には至らないものだ。

だから、自称インテリだって各政党の各政策を緻密に分析することなどしない。主要政策、しかも話題になりそうなところを、ちょこちょこっと勉強して、もっともらしく語っているだけ。

有権者には政策を吟味しろと言いながら、自分たちは吟味していない典型的な口だけ野郎が多いんだ。

Keywords
ワンイシュー選挙
東京都議会
緻密な政策論争

地味だった都議選に脚光！これは小池都知事の功績だ

選挙で争点をつくろうと思えば、必然、ワンイシューに近づいていく。論点が増えれば増えるほど、各政党の主張が重なったり、この論点では自民党に賛成、この論点では民進党に賛成、とクロスすることになったりして、どの政党を選ぶべきかがわからなくなってくる。だから、有権者にきっちりとどの政党にすべきかを判断してもらおうと思うなら、ワンイシュー選挙のほうが合理的だ。

そして選挙がきちんと機能するかどうかは、有権者がどこまで選挙に関心を持ってくれるかにかかっている。逆に、組織票をがっちりと獲得できる政党にとっては、できる限り投票率は低いほうがいい。そういえば、一般の有権者は家で寝ていてくれたほうがいいと本音を漏らして、すさまじい批判を受けた政治家もいたくらいだ。

特定の組織が自分たちの要望を実現するために、あるいは補助金を確保するために、特定の政党を支援する。特定の政党は支援の見返りに、特定の組織の要望を実現し、補助金を確保する。これが今の日本の政治の姿。だから、特定の組織は選挙になると必死になって自分たちの利益を守ってくれる候補者を当選させるための選挙運動をやるんだ。

他方、一般の有権者は政治によって直接何か利益を受けるという感覚がないから選挙に無関心だ。でも、この無関心層の人数のほうが圧倒的に多い。

組織とがっちりつながっている政党にとって、一般の有権者が選挙に出向くとややこしい。一般の有権者が選挙に行かず投票率が低ければ、自分を応援してくれるいつもの組織のメンバーがしっかりと投票に行ってくれさえすれば当選する。一般の有権者が寝ていてくれたらいいというのは、組織票狙いの政治家の紛れもない本音だ。

僕が結成した大阪維新の会は、特定の組織に属さない一般の有権者に支えられた。フランス大統領エマニュエル・マクロン氏率いる政党・共和国前進もそうだ

Keywords
- ワンイシュー選挙
- 東京都議会
- 緻密な政策論争

ろう。小池さん率いる都民ファーストの会もそうだ。

当選を確実にしたい組織票頼みの政治家にとっては、一般の有権者が投票に行くことは望ましくない。でも、地域全体、日本全体の民主主義にとっては、できる限り多くの一般の有権者に投票に行ってもらうことが望ましい。そういう意味では、ここまで全国的に都議会議員選挙が注目されるきっかけとなった都民ファーストの会の存在は、日本の民主主義深化への貢献度が高い。いまだかつて都議会議員選挙がここまで注目されることはなかったからね。

選挙において政策論争が重要なことは百も承知だけど、そもそも論として、有権者に関心を持ってもらってはじめて政策論争が成立する。誰も注目していない選挙において、自称インテリだけが眉間に皺を寄せて小難しく政策論争をやっても意味がない。

「選挙に関心を持ってもらう」って、口で言うのは簡単だけど、それをやろうとしたら本当に大変だ。メディアや自称インテリが、選挙のたびに「有権者はしっかり考えましょう」と言ったところで、投票率はなかなか上がらない。役所が投票率を上げるために組んでいる予算は、大都市になれば数億円にも上る。それでも、なかなか投票率は上がらない。

自分の1票で自分の命や財産が守られるかどうかが決まるという有権者にとって切迫した状況でない限り、一般の有権者は選挙に関心を持たない。誰が政治をやっても同じという諦めがあるからだ。でもそれは、有権者が政治権力に追い込まれていないという平和の証拠でもある。

だから、程度問題はあるけど、有権者が関心を持つためのショー的な要素は選挙に必要だ。いくら「選挙はショーじゃない」と言ったところで、面白くなければ関心を持たないのが人間の性《さが》だからね。

ショー的な要素としてもっとも効果が高いのが、対決の構図。選挙はもともと、命の奪い合いだった政治決戦を投票に替えたものなんだから、対決の構図が選挙には一番しっくりくる。ただ、それをきちんと意図的にプロデュースするとなると至難の業だ。

Keywords
ワンイシュー選挙
東京都議会
緻密な政策論争

カギは、安倍政権やこれまでの都議会への批判が高まるかどうか、だ

２０１７年の都議会議員選挙は、都民ファーストの会が自民党に挑む、対決するという点で十分面白さがあった。それに加え、国政の自民党においてもバタバタと一騒動、二騒動起きた。森友学園問題にはじまり、加計学園問題、テロ等準備罪処罰法案（改正組織犯罪処罰法）の採決、「ハゲーッ！」を連呼する議員の強烈な面白不祥事。このようなことから自民党対都民ファーストの会の対決の構図に加えて、安倍政権への審判の意味も加わった。

こういう状況での都議会議員選挙は、民主主義にとって本当にいいことだ。ただし、先ほども述べたように、各政党に大きな政策の違いはない。都民ファーストの会の政策は、これまでの都政の流れを前提とした主張だし、都民ファーストの会以外の政党もほぼ同じことを言っている。多少のニュアンスの違いはあるけ

ど、それは誤差の範囲内。

結局のところ、選挙なんて緻密な政策選択というよりも、現状の政治をそのまま続けるのか、変えるのかの選択にしかならない。そのようなものであっても選挙の意義としては十分だ。

時代が時代なら、地域が地域なら、現状の政治を行う為政者を倒すためには凄まじい殺し合いを経なければならなかった。選挙が確立された社会においては、それが有権者による投票という行為でできるんだから、選挙は本当にすごいものだ。

僕は2015年5月の大阪都構想の賛否を問う住民投票で負けた。時代が時代、地域が地域であれば、僕の首が刎ねられるのはもちろん、僕の妻も、7人の子どももみんな首を刎ねられていただろうね。大きいシャレコウベ2つと、小さいシャレコウベ7つが淀川の河川敷にでも並べられて、近所の子どもたちに蹴られて遊ばれていたんだろう。

それが戦に負けてもこんなにピンピンして、住民投票に負けてからのほうが家族が幸せになってるっていうんだから、民主主義様々、万歳！だ。

Keywords
❯ワンイシュー選挙
❯東京都議会
❯緻密な政策論争

緻密な政策論争なんて、選挙分析をやっている暇な自称インテリがやることで、本来の選挙の意味は、現政治権力を認めるか、倒すか。そして、このような意味が選挙にあるからこそ、政治権力も緊張感を持つことになる。

さらに政治は、有権者から常に100%完璧なものを求められるけど、政治家といえどもしょせんは普通の人間だ。神様じゃないんだから、有権者に求められるものに100%完璧に応えることなんてできない。それに政治に求められるものは、普通の民間企業ではとても実行できないレベルの改革ばかりだ。

僕は弁護士として民間企業の経営にも携わってきたから、民間企業の改革も見てきた。民間企業において、ものすごく苦労して実現できた改革を1とすると、政治で求められる改革は1兆くらいのイメージだと思う。逆に言えば、政治で1000レベルの改革をやったところで、民間企業の感覚では0.0000000001レベルの改革くらいにしか評価されない。

加計学園問題において政府の対応は非常に不誠実だった。問題となった文書の存在をはじめから認めてきちんと説明しておけばよかったのに、超強気に文書の存在を全否定。その後文書の存在が明らかになるという致命的なミス。森友学園問題でも財務省の説明はあまりにも不誠実過ぎた。普通なら政権崩壊になってもおかしくないのにそうならないのは、相手である野党が有権者から不評を買っていることが最大の要因だろう。

それでも、安倍政権の対応にはお灸を据えなければ、という有権者の意識が強くなれば、都民の票の動きは変わってくる。

東京都議会は、全国の地方議会の中でも一、二を争うほど改革が遅れている。情報公開が不足しているという面でも、議員の待遇が良すぎるという面でも。

今ではどの議会でも当たり前になっている常任委員会のインターネット配信も行われていないし、議員の政務調査活動費の領収書のインターネット公開もない。議会に専用の公用車も確保されている。近年、議員が制定した条例は皆無。それでいて給料は他の地方議員よりも格段に高い。有権者はこれまでの都議会に不満を募らせていた。

そもそも、これまで有権者は都議会に関心すら持っていなかったから、都議会の改革の遅れを知らなかったはずだ。それが都議会議員選挙に関心を持ち、あまりのひどさにやっと気付いたんだろう。

政策に大差がない中では「有権者の不満」がポイントになる！

まとめると、選挙で票を得られるのは、自分や政党への「積極的な支持」があるからではない。現状や相手候補に対して有権者が不満を強くしたときに、反射的に自分のところに票が来るだけだ。だから、細かな政策論争よりも、現状・現政治に対して有権者が不満を持っているかどうかが一番のポイントになり、その不満をうまくすくい上げたほうが勝利する。

たとえば2017年の都議会議員選挙なら、安倍政権への不満が強ければ都民ファーストの会へ票が流れ、これまでの都議会への不満が強ければ、これまた都

Keywords
ワンイシュー選挙
東京都議会
緻密な政策論争

民ファーストの会へ票が流れる。逆に、小池都政の意思決定の雰囲気に不満が強ければ、都民ファーストの会以外に票が流れる。

結局、細かな政策吟味ではなく、この程度のことで選挙は決まるんだ。このような票の流れを理解していれば、自分のやりたい政策よりも、相手候補に対して有権者が不満を募らせるよう「相手批判」に向かうのは必然的な流れ。大阪で僕がやったような、自分たちでなければ成し遂げられない政策（大阪都構想）を積極的に掲げる選挙はむしろ例外だ。

「選挙は政策で吟味しろ」なんて言っている自称インテリは、票の流れ方の現実を理解せず、常識的なことを言っているだけ。ちゃんちゃらおかしいよ。

自分たちがやりたい政策、自分たちにしかできない政策を掲げて、自分たちが「積極的に」支持を得ようとする大阪のような選挙は、東京ではまだ先になるだろう。まあ、全国の地方選挙も２０１７年の都議会議員選挙と同じように積極的な政策論争にはなっていないけどね。

そういう意味では、賛否はあるものの、自分たちにしかできない政策を掲げて積極的な支持を得ようとする大阪の地方選挙は、全国一レベルの高い選挙だね。

この講のポイント

「選挙は政策で吟味しろ」というのは、票の流れ方の現実を理解していない人間が言う、口先だけの正論。選挙で票を得られるのは、自分や政党への「積極的な支持」があるからではない。現状や相手候補に対して有権者が不満を強くしたときに、反射的に自分のところに票が来るだけだ。だから、細かな政策論争よりも、現状・現政治に対して有権者が不満を持っているかどうかが一番のポイントで、その不満をうまくすくい上げたほうが選挙に勝利する。

Keywords

- ワンイシュー選挙
- 東京都議会
- 緻密な政策論争

第七講

本当に政治上手！公明党とは何者か

誰もできなかった「都議会の入れ替え」に成功！これは小池さんの大功績だ

２０１７年10月の総選挙では思ったような結果にはならなかったけど、７月に行われた都議会議員選挙では、小池さん率いる「都民ファーストの会」が大勝利した。

小池さんは首長なので、何をするにしても批判の矢面に立つ。僕も小池都政に対してはいろいろと文句を言ってきた。完全に無責任なコメンテーターとしてね。でも、政治は選挙によって審判を受ける。そこに有権者の評価が表れる。僕も含めて「自称インテリ」は口先ばっかりで小池さんを批判するけど、小池さんはこの都議会議員選挙の大勝利の結果を受けて、ガンガン都政改革、日本改革に突進してほしい。せっかく得た議席数なので保身のためだけに使ってはもったいない。東京のため、日本のために２０１７年の都議会議員選挙で得た強大な政治力

Keywords
- 二元代表制
- 民主主義のバロメータ
- 本当の東京大改革

をフル活用してほしい。

口先で批判するのは簡単だ。でも、行動するのは想像を絶するほど大変。

小池さんは、一から政党を作って、既存の政党、しかも一強と言われていた安倍自民党とガチンコで対決して、自民党を粉砕した。それまで小池さんを敵対視していた自民党メンバーを吹き飛ばした。

僕も大阪で同じことをやった経験があるから言えるけど、この小池さんの政治的行動は、高く高く評価されなければならない。もちろん小池都政にも問題はある。だけど、小池さんのやることなすこと否定するのはおかしい。

都議会を入れ替えるなんて、歴代の知事は誰もやらなかった。直近で言えば、石原慎太郎さん、猪瀬直樹さん、舛添要一さん。彼らも都議会に文句はあっただろうけど、都議会を入れ替えるという行動まではとれなかった。猪瀬さんも都知事を辞めてから、「都議会のドン」批判をしはじめた。でも、自分が都知事のときには都議会の問題を解決しようとしなかった。議会と揉めると面倒くさいからね。だから知事になると、普通は議会と仲良くやることを選んでしまう。歴代都知事は皆そうだったんだよね。

議会と対決すると、メディアや自称インテリは、「議会と協調しろ！　話し合え！」と批判してくる。しかし議会と仲良くすると、馴れ合いはダメだ！　と批判する。まあ、彼らは批判することが仕事だから仕方がないけどね。

僕だって、議会とはできる限り話し合った。だからこそ約8年間で否決された予算はゼロ。あれだけ議会の嫌がる大胆な改革予算案を出したのに、そこはきちんと議会と協議しながら、修正するところは修正して議会の賛成を得た。大阪維新の会を結成しても、僕が過半数議席を使えた期間は、予算審議とはまったく関係のない大阪府知事を辞めて大阪市長に転ずるまでのわずか半年ばかり。大阪市長に転じてからは、大阪市議会では大阪維新の会は過半数がなく完全な少数与党だった。いやー、ほんと苦労した。少数与党でありながら議会と馴れ合わず真っ向対立したんだから。

だからどうしても話し合いで解決できないものは、議会に否決された。そして議会がどうしてもＯＫと言わない大阪都構想に関しては、国政選挙の力も借りながら民意を背景に住民投票にまで持ち込んだ。

このような僕の姿勢に対してメディアや自称インテリは批判し続けてきたけど、でも市長と議会の間には、こういう緊張関係のあるほうが馴れ合いの関係よりもよっぽどましだと確信している。

小池さんも、政治的資源をうまく活用できなければ今度は逆風に遭う。僕も大阪維新の会を結成してから、追い風を受けたり逆風を受けたり。まあ、これが政治だ。今振り返ってみると、楽しい人生だったけどね。

Keywords
二元代表制
民主主義のバロメータ
本当の東京大改革

都議選の本質は、政策論ではなく自民党を黙らせるための政治決戦だった

終わった選挙を分析しても仕方がないから、選挙分析はそのへんの自称インテリに任せよう。僕は、小池さんと同じようなことを経験した僕ならではの視点で、

都民ファーストの会の今後、そして日本の政治の今後について考えてみる。

まず、都議会議員選挙の大勝によって、小池さんは都議会自民党からの嫌がらせを気にすることなく、思う存分「小池都政」を進めることができる環境になった。逆に言えば、この環境で都政改革を進めることができなければすべて小池さんの責任となる。

そもそも、小池さんが都民ファーストの会を作らなければならない理由は「論理的には」不明だった。小池さんの予算に自民党は賛成だったし、築地市場についても小池さんは選挙直前に豊洲への移転を表明し、これも自民党と同じ考え方だ。そう見ていくと、何のために都民ファーストの会が必要なのかがわからない。

でもそれは論理の話であって、政治的には小池さんが自分と合わない、もっと端的に言えば「嫌いな」自民党議員を追い出すのが目的だ。政治って、結局こういうものなんだよね。権力を持った者と権力を持った者がぶつかった場合には、本来殺し合いでの解決になる。それを民主国家においては投票という形で解決することにした。小池さんは都議会自民党議員を「政治的に」殺したかったんだよ。

Keywords
- 二元代表制
- 民主主義のバロメータ
- 本当の東京大改革

つまり、都議会議員選挙は、小池さんにとっては、気に食わない自民党議員を追い出すため、文句ばかり言ってくる自民党国会議員を黙らせるための政治決戦だった。自民党にとっては、自民党に楯突く小池さんの首根っこを押さえるための政治決戦。これをきれいな言葉で言うと、「古い都議会の総入れ替え」「都議会改革」「知事の暴走を止める」となる。

たしかに東京都議会は、地方議会の中でもかなりひどい議会だ。常任委員会のインターネット配信が行われていないし、政務調査活動費の領収書のインターネット公開もまだ行われていない。それでいて議員に公用車がある。これまでの都議会はこのようなことを放置していた。

小池さんに対する都議会のこれまでの対応も、有権者は厳しく見ていた。小池さんに冷たいんじゃないの、イジメ過ぎなんじゃないの、とね。

政治をやっていると感覚がおかしくなってくる。自分の周囲の、非常に狭い世界でしか通用しない感覚で、すべてを判断しはじめる。小池さんが知事に就任したときには、都議会自民党は都議会において絶大な力を持っていた。だから小池さんを軽く見て、あんな態度をとったんだろう。小池さんの背後に有権者が存在することを都議会自民党は完全に見落としていた。

逆に、東京都の有権者はこれまで都議会のことなど考えたこともなかっただろう。小池さんが知事に就任してから、連日都政を見聞きするようになった。そこで都議会に対するさまざまな疑問や不満がどんどん膨らみ、強烈な怒りに変わっていった。これまでの都議会を変えたいという有権者の意思が示されたのは当然のことだろう。

選挙で有権者から鉄槌を下されて、政治家はハッと目覚める。自分たちのこれまでのやり方を変えなければ、と。民主党が政権を獲って下野した経験を持つ自民党。政権を奪い返したあとは、たしかにそれまでの自民党とは変わっていた。ところがしばらく安倍一強が続いたことで、また有権者の感覚と離れてしまい、鉄槌が下されることになった。

大阪でも、僕が市長のときにいろいろな改革案件に反対してきた市議会自民党・公明党は、大阪維新の会の吉村洋文さんに大阪市長選で完敗すると、その後吉村

Keywords
- 二元代表制
- 民主主義のバロメータ
- 本当の東京大改革

さんの粘り強い交渉もあって、次々と改革案件に賛成するようになった。選挙の結果によって政治家の態度が変わる。これこそが選挙の最大の効果だ。

「自分の気に食わない議員を追い出すための選挙なんておかしい！」と自称インテリは言うかもしれない。自称インテリは「議会と話し合いを！」と言うけど、政治の世界は妬み嫉みが渦巻いている。合理性をもとにした話し合いよりも、人間的な好き嫌いが強く影響する。

議会が知事をチェックするという「二元代表制」という概念を持ち出し、「都民ファーストの会は小池さんをしっかりとチェックできるのか」と懸念の声を上げる自称インテリもいる。でも、やろうと思えばそんなのはいくらでもきちんとできるし、実際大阪では大阪維新の会が僕や大阪市役所、そして松井府知事と大阪府庁をしっかりとチェックしてきた。

それに、そもそもこれまでの都議会がきちんと知事・都庁をチェックできていたのかと言えば、そんなことはない。それなのに、都民ファーストの会になったらチェックができなくなるという批判は論理矛盾だ。ちゃんちゃらおかしい。そんないちゃもんを付けるより、新しい理想の都議会の在り方を模索すべきだ。

小池さんが都民ファーストの会を活用して、これから何をしていくのかはまだわからない。きっとこれから、小池さんが方針を打ち立て、それを都民ファーストの会と公明党がサポートしていく。

僕は、小池さんと小池さん支持勢力が共通目標とする都政方針をしっかりと進めながら、それでいて小池さんや都庁をしっかり監視する都民ファーストの会になることを期待する。小池さんといえども、あの巨大な都庁組織の隅々にまで目を光らせることは不可能だからね。

僕も大阪維新の会を結成し、大阪都構想やその他大阪維新の会の基本方針は、僕と大阪維新の会、そして公明党でしっかりと実行し、その他については、大阪維新の会に府政、市政をしっかりとチェックしてもらっていた。

Keywords
❯ 二元代表制
❯ 民主主義のバロメータ
❯ 本当の東京大改革

「民主主義のバロメータ」公明党との連携はこう進める!

ここで注意しなくちゃならないのは、公明党との関係だ。公明党は非常にわかりやすい政党だ。自分が知事・市長という当事者だったときには、あっちに行ったりこっちに行ったりする公明党にいら立ちも覚えたが、一有権者の視点で見ると、公明党こそがある意味民主主義のバロメータだとさえ思う。

力の強いところに寄っていき、力の弱いところからは離れていくのが公明党だ。そして、力というものは民意だと徹底的に割り切っている。だから、公明党は民意に非常に敏感だ。少なくとも2017年の秋まで、都議会公明党は都議会自民党と距離を置いて、小池さんを支えていた。

公明党は本当に政治上手だと思う。都議会自民党と距離はとるけど、完全に切れることなく、敵対することもない。本当に絶妙な距離感だ。しかも、都政では自民党と距離を置きながら、国政においては自民党とがっちりタッグを組む。自民党にも公明党票頼みの議員が多くいるから、結局自民党も公明党との関係を完全には切れないのを知っている。

都議会公明党は小池さんを支える姿勢だけど、それでもこれからの都議会において小池さんと「べったり」にはならないはずだ。都民ファーストの会は過半数に達していないから、公明党に協力してもらうことが絶対条件になる。このポジションをフルに、如何なく発揮するのが公明党なんだ。

大阪市議会でも、大阪維新の会は第一党だったけど、過半数には達していなかった。それで、公明党の協力が絶対的に必要だった。だから大阪市政改革やその他新しい政策をするにしても、公明党の賛同がいつも必要。すべて僕の言い分が通るわけじゃない。

これを通すために、こちらが引いたり、あちらの言うことをのんだり……。何かと大変だったけど、それが民主政治というものだから仕方がない。

白称インテリは、僕のことを「選挙至上主義だ」「議会無視だ」「議会とケンカ

Keywords

- 二元代表制
- 民主主義のバロメータ
- 本当の東京大改革

ばかりしている」などと散々非難していたけど、僕は知事・市長を務めた7年間、予算はすべて通している。しかもその予算は、誰もが賛成する予算ではない。むしろ補助金カットを断行し、「補助金を受けている人たち」から選挙応援を受けている議員からは、激しい反対の声が上がるような予算だ。

それを通すことができたのは、公明党としっかりと協議・話し合いをしていたからだ。でも、このときの公明党は政治上手だった。僕の主張に賛成する代わりに、きっちりと自分たちの主張も通してくる。さらに、自民党と完全に切れないようにし、僕や大阪維新の会に「べったり」とはならない。要所要所で自民党の主張も支える。

たとえば、僕が一番の政治命題としていた大阪都構想や、水道事業の民営化、ごみ収集事業の民営化、地下鉄の民営化、幼稚園の民営化、住宅供給公社の特権的地位の剥奪、府立大学・市立大学の統合などなど、公明党は自民党と組んで断固拒否してきた。

そんな状況の下、大阪都構想をめぐっては最後に公明党と大喧嘩をした。当初、僕や大阪維新の会に民意が付いているときには、公明党はこちらに協力してくれていた。そのときは公明党は自民党と距離をとっていたし、自民党の側も公明党のことを批判していた。ところが僕や大阪維新の会への民意の力が弱いと見るや、公明党はすかさず自民党に寄っていった。

そのときは、コンチクショーと思ったけど、でもそれが民主主義そのもの。

これから小池さんがどんな都政改革をやるのかわからないけど、公明党が嫌がるようなことはしないんだろうか。「議会が嫌がらない改革」というのは、改革じゃなく改善レベルだ。都民ファーストの会の公約を見ると、誰もが嫌がらない、反対の声を上げない改善項目ばかり。東京は金が余っているから、議会が嫌がるような改革を避けようと思えば避けられる。でもそれじゃ、小池さんが訴えている「東京大改革」にはならない。本当の東京大改革をすれば、どこかで公明党とぶつかるだろう。

そのときが勝負だ。小池さんに民意が付いていないと、公明党はスッと離れていく。そして、東京大改革も頓挫してしまうだろう。

Keywords
- 二元代表制
- 民主主義のバロメータ
- 本当の東京大改革

ここが難題！
都民ファーストの会に政治家を仕切れる実力者はいるか

もうひとつ気になっているのが、都民ファーストの会は誰が仕切るのかということ。これが一番難しい。

まず、小池さんは知事の仕事で忙殺される。それに、議員というのは新人であっても権力欲満々のメンバーも多いから、政党運営というのは非常にややこしい。政治家になろうというんだから、権力欲があって当然だ。それを束ねていくには、親分肌の人材がどうしても必要になる。

政治家をまとめるのは本当に大変だ。お勉強がよくできるだけじゃ誰も付いてこない。飲み食い、ゴルフ、困ったときの助け合い……そういう人間関係をつくりながら束ねていく。大阪維新の会は松井一郎・現大阪府知事をはじめ、自民党から大阪維新の会に移ってきてくれた府議会議員の重鎮がこの役目を担ってくれた。僕は人を束ねることはさっぱりできないからね。

都民ファーストの会にはそういう「実力者」がいるんだろうか。もしいなければ、名古屋の河村たかし市長が結成した「減税日本」のように、すぐにバラバラになってしまう。

都民ファーストの会が小池さんにしっかりと意見を言えるかどうかも、実力者の存在にかかっている。僕が大阪維新の会を結成したときも、「首長が政党の代表になれば、その政党は首長をチェックできなくなる」「二元代表制に反する」と自称インテリに散々批判された。それまでの府議会だって、知事や府庁をきちんとチェックできていたわけじゃなかったのにね。

自称インテリの言うように、大阪維新の会が僕を全然チェックできていなかったかと言えば、決してそんなことはない。大阪維新の会が僕の提案を否決したことも結構ある。何よりも、知事の提案に対するチェックだけではなく、役所がやることに対するチェックは、大阪維新の会がしっかりとやってくれた。

ここは自称インテリが勘違いしているところ。議会は知事や市長のチェックが

Keywords
- 二元代表制
- 民主主義のバロメータ
- 本当の東京大改革

仕事だと思っているだろうが、知事や市長の直接的な行動というのは、巨大な役所組織が日々行っている膨大な行政実務からすれば、ほんの少しの割合だ。もちろん建前上は、役所組織は知事・市長の指揮命令で動くから、役所がやっている膨大な行政実務はすべて知事・市長の行動とも言える。しかし現実は、知事・市長は役所の行政実務をすべて把握しているわけではない。ということで議会は知事・市長の行動をチェックするとともに、知事・市長の目の届いていない役所の行政実務を知事・市長と共にチェックする役割がある。僕も大阪維新の会の指摘から、役所のおかしさを知り、直ちに是正したという毎日だった。

知事・市長が代表となる地域政党の存在意義としては、この役所組織の日々の行政実務のチェックというものがあり、これは地域政党の代表が知事・市長であっても遠慮なくできる領域だ。

そして、大阪維新の会がこのようなチェックができたのは、重鎮の存在があったからだ。大阪維新の会には松井さんはじめ実力者が存在して、僕に対してしっかりと意見してくれていた。彼らとはとことん議論した。僕が決めたから、それでＯＫ、なんて簡単には認めてくれなかった。

彼らとの徹底した議論の結果、僕が主張を変えたり、取り下げたりしたこともあった。そのまま平行線になり、議会で否決ということもあった。

でも、それは「改革」という方向性を同じくした者同士が、どのように改革していくべきかという具体的詳細部分で意見を戦わせているだけのこと。「改革に反対」「既得権益者の声を代弁して反対」というわけじゃない。だから、反対とは言っても、よりよい改革を目指して、僕の案をさらにブラッシュアップするための反対だったんだ。

また府庁の日々の行政実務のチェックは、府政・市政、府庁の仕組み・市役所の仕組みに精通していないとできない。地域政党の運営がうまくいくかどうかは、「実力者」の存在である。したがって都民ファーストの会の将来は、小池さん以外の党内の「実力者」の存在の有無にかかっている。

Keywords
- 二元代表制
- 民主主義のバロメータ
- 本当の東京大改革

この講のポイント

「議会が嫌がらない改革」は、改革じゃなく改善レベルだ。都民ファーストの会の公約を見ると、誰もが嫌がらない、反対の声を上げない改善項目ばかりだけど、それでは小池さんが訴えている「東京大改革」にはならない。本当の東京大改革をして、どこかで公明党とぶつかったときが勝負だ。小池さんに民意が付いていないと、公明党はスッと離れていき、東京大改革も頓挫してしまうだろう。

橋下徹（はしもと・とおる）

1969年6月29日	誕生
1988年3月	大阪府立北野高等学校卒業
1994年3月	早稲田大学政治経済学部卒業
1997年	弁護士登録。法律事務所に勤務するが、 翌年、大阪市北区で橋下綜合弁護士事務所を設立し、独立
2003年4月	『行列のできる法律相談所』にレギュラー出演開始
2008年1月27日	大阪府知事選。183万2857票を獲得し、圧勝
2008年2月6日	大阪府知事就任。38歳での就任は当時全国最年少
2010年4月19日	大阪維新の会創設
2011年11月27日	大阪市長選。20万票の大差をつけて勝利。 40年ぶりに市長選で投票率が60％を超える
2011年12月19日	大阪市長就任
2012年9月28日	日本維新の会設立。その後、日本創新党、太陽の党が合流
2014年3月23日	大阪都構想を焦点とした出直し選挙。
2014年8月1日	維新の党創設
2015年5月17日	大阪都構想の賛否を問う住民投票。得票率差1％未満で否決される
2015年11月2日	おおさか維新の会創設
2015年12月18日	任期満了で大阪市長を退任。政界引退。現在に至る

本文はすべて、メルマガ「橋下徹の『問題解決の授業』」に加筆・改定を行っています。

第一講　舛添さん問題は最高の教科書だ
2016年5月3日配信

第二講　報道の自由こそが民主主義の根幹だ
2016年8月2日配信

第三講　ここがおかしい！ 公務員の政治活動
2016年8月16日配信

第四講　メディアも間違えた豊洲問題の本質
2016年10月11日配信

第五講　核心的問題点と周辺的問題点の整理
2017年3月7日配信

第六講　「現状への不満」をすくい上げよう
2017年6月27日配信

第七講　本当に政治上手！ 公明党とは何者か
2017年7月4日配信

橋下徹の問題解決の授業

大炎上知事編

2017年12月7日　第1刷発行

著者　橋下徹

発行者　長坂嘉昭
発行所　株式会社プレジデント社
〒102-8641
東京都千代田区平河町2-16-1　平河町森タワー13階
http://www.president.co.jp/
http://presidentstore.jp/
電話　編集(03)3237-3732　販売(03)3237-3731
編集　面澤淳市　大高志帆　小倉健一
販売　桂木栄一　高橋徹　川井田美景　森田巌　遠藤真知子　末吉秀樹
撮影　市来朋久
制作　田原英明
装丁　ニルソンデザイン事務所
印刷・製本　株式会社ダイヤモンド・グラフィック社

 ISBN 978-4-8334-5126-0
Printed in Japan